湖南省高职高专药学类专业特色教材

U0786527

药品生产实训教材

（固体制剂部分）

主　审　李多娇

主　编　胡文主

副主编　吕　毅　杨　芳　赵　龄　戴　波

编　者　（按姓氏笔画排序）

王晓娟　吕　毅　杨　芳　肖秀春

谷薇薇　张云坤　庞心宇　赵　龄

胡文主　龚秋红　熊星尧　戴　波

中国健康传媒集团
中国医药科技出版社·北京

内 容 提 要

本教材以药品生产车间的岗位需求为导向，突出药品生产的基本技能要求，注重实践操作，缩小学校培养人才与药品生产企业所需人才的距离。为了让学生树立药品生产质量管理规范理念、体验药品生产质量管理要求，熟悉常见固体制剂的生产流程，本教材增设了人员进出洁净区、物料进出洁净区、洁净区的管理、颗粒剂的制备、片剂的制备、胶囊剂的制备等内容。本教材将基础知识与药物制剂工的技能鉴定、药学专业技能抽查、药物制剂技能比赛紧密结合，适于高职高专教学使用，以及相关专业人员继续教育与考试培训使用。医学遗传学、细胞遗传学、分子遗传学及相关课程时选用。

图书在版编目（CIP）数据

药品生产实训教程．固体制剂部分 / 胡文主主编．—北京：中国医药科技出版社，2018.5（2025．7重印）．

湖南省高职高专药学类专业特色教材

ISBN 978-7-5214-0198-1

Ⅰ．①药…　Ⅱ．①胡…　Ⅲ．①制药工业—工业企业管理—质量管理—高等职业教育—教材　Ⅳ．①F407.763

中国版本图书馆CIP数据核字（2018）第074410号

美术编辑　陈君杞

版式设计　南博文化

出版　**中国健康传媒集团**｜中国医药科技出版社

地址　北京市海淀区文慧园北路甲22号

邮编　100082

电话　发行：010-62227427　邮购：010-62236938

网址　www.cmstp.com

规格　787×1092mm $^{1}/_{16}$

印张　10 $^{1}/_{2}$

字数　171千字

版次　2018年5月第1版

印次　2025年7月第9次印刷

印刷　北京印刷集团有限责任公司

经销　全国各地新华书店

书号　ISBN 978-7-5214-0198-1

定价　26.00元

版权所有　盗版必究

举报电话：010-62228771

本社图书如存在印装质量问题请与本社联系调换

获取新书信息、投稿、为图书纠错，请扫码联系我们。

前言

为适应当前职业教育的新形势，改革职业教育的教学方法，达到学生理论与社会实践相结合的培养目标，满足药学专业、中药学专业及相关专业学生参加职业技能鉴定的考证和校内实训教学要求而编写了本教材。

为培养高素质、技能型药品生产的专业从业人员，围绕社会需求，体现行业发展特点，教材内容设计上力图准确对接职业标准和岗位要求。本教材由湖南食品药品职业学院和湖南康普制药有限公司校企合作开发，学校和企业共同探讨，广泛听取行业企业管理人员和技术人员的意见，以药品生产企业一线的实际操作为教材编写内容。本教材以药品生产职业岗位活动为导向，以职业技能为核心，以职业岗位中典型工作任务为项目，以完成工作任务为主要学习方式，突出技能要求、操作流程和操作要点，注重知识和技能相结合，使内容更具可读性和实用性。本教材共分为九项实训内容。为了让学生树立GMP理念、体验GMP管理，开设了人员进出洁净区、物料进出洁净区和洁净区的日常管理三项实训内容；纯化水是常用的制药用水，因此开设了纯化水的制备实训内容；根据我国制药企业中普遍存在中药制剂的特点，开设了中药前处理、中药提取浓缩两项实训内容；为了让学生体验固体制剂的生产流程、了解制药设备、GMP的生产现场管理，开设了颗粒剂的制备、片剂的制备、胶囊剂的制备三项实训内容。

为了提高学生的技能水平，很多学校建立了药品生产实训车间，如湖南食品药品职业学院的药品生产车间位于实验实训楼一楼，按照GMP要求建设，面积约360m^2，包括制水、中药前处理、固体制剂（包括颗粒剂、片剂、胶囊剂、丸剂）生产三大区域。制水室面积约30m^2，制水设备能达到制药用水生产要求，产水量为800L/h，纯化水储罐为2m^3，能满足模拟车间的洁净区的用水，也可以为学校提供纯化水。中药前处理车间面积约50m^2，主要设备有提取浓缩机组，罐体容积50L，适用于中药的常压、减压提取，温浸、热回流、强制循环、渗漉、芳香油的分离及有机溶媒的回收，可以小试生产。固体制剂车间的一般生产区面积约50m^2，主要有外包室和空调房；洁净生产区面积约230m^2，按照GMP洁净要求建设，功能间齐全，设备以小型设备为主，主要有全自动胶囊填充机、铝塑包装机、三维混合机、小型颗粒剂、连续式铝箔封口机、颗粒包装机等，可供小试生产。ZP-35B 型旋转式压片机为大型设备，产量可达 15 万片 / 小时。主要供学生操作练习、技能比赛、药物制剂工的考试等。

本教材校企合作开发，邀请湖南康普制药有限公司的李多娇总经理担任主审，编写人员有胡文主、吕毅、杨芳、赵龄、戴波等。

本教材在编写过程中参考了国内外有关教材和网站上的一些资料，同时得到了所有编者及其所在单位领导的大力支持，在此一并表示衷心感谢。

由于编者水平有限，书中难免存在不妥与疏漏之处，恳请师生及同仁批评指正。

编者

2018年2月

目录

实训一　人员进出洁净区

【实训目的】

使学生熟悉人员进出D级洁净区的管理要求。

【实训材料】

洁净工作服（1套）、一次性口罩（1个）、一次性鞋套（1双）、药品生产车间基本设施。

【实训内容】

（一）人员进入

1.更鞋　更鞋室，坐在鞋柜上，从鞋柜内侧取鞋套，弯腰套上鞋套，坐着转身180°。

注意：自己的鞋不能越过更鞋柜的最外沿，穿好的鞋套不能踏到更鞋柜的外侧的地上。

2.存放外衣或自己的私人物品　如首饰、手机等，在进入更衣室1或更衣前室存放好自己的私人物品。

3.洗手　更衣室1，走到洗手池旁，感应水龙头开启，让水冲洗双手至手腕5cm，双手触摸洗洁剂，相互摩擦，使手心、手背及手腕上5cm的皮肤均匀充满泡沫，摩擦10秒，用水冲洗至无滑腻为止。

4.烘手　更衣室1，直到烘干为止。

5.穿洁净工作服　更衣室2，在更衣柜内取出洁净工作服，先戴上口罩，罩住口鼻；戴帽，尽量包裹所有头发；穿上衣，拉链拉至喉部；穿裤子，将上衣罩在裤子里。

6.手消毒　手消毒室，在自动酒精喷雾器前，翻动双手，使酒精均匀喷在双手各处，挥动双手，使酒精挥干。

7.戴洁净手套　禁止裸手直接接触药品或原辅料，如果不接触，可以不戴手套。

注意：洗手后，必须用肘弯推开门。

洁净服（分体式）穿戴和手消毒如图1-1所示。

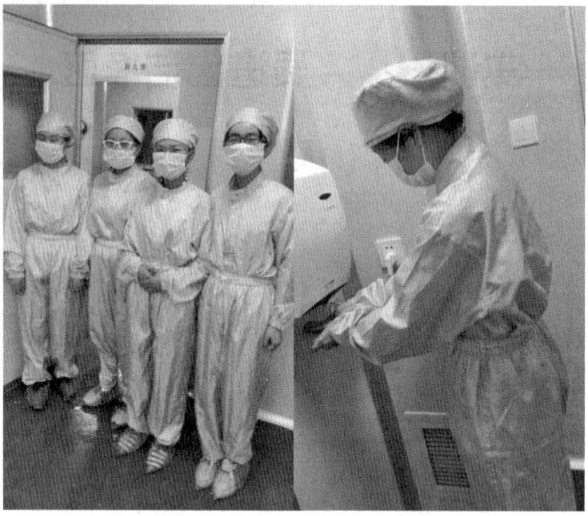

图1-1　洁净服（分体式）穿戴和手消毒

（二）人员退出（不作为考核内容）

1.脱洁净工作服　更衣室2，顺序与穿洁净服相反，洁净服放在收衣桶里，等待洗衣工清洗。

2.脱鞋套　更鞋柜外侧，将鞋套、一次性口罩放在门口垃圾桶内。

【考核】

（一）题目

进入洁净区前按照GMP要求，进入更衣室正确洗手、更衣、手消毒，完成考核后，退出更衣室。

（二）完成时间

20分钟。

（三）条件与要求

鞋套、清洁剂、烘手机、酒精喷雾器、洁净工作服（分体式）、一次性口罩、拖把、抹布。

（四）考核内容及评分表

评价包括两方面，总分为100分。其中，职业素养占该项目总分的20%，操作规范占该项目总分的80%。职业素养与操作规范两项均需合格，总成绩评定为合格，如表1-1所示。

表1-1　人员进入洁净区评分表

评价内容		分值	评分细则	实得分
职业素养（20分）		10分	穿工作服，不披发、化妆和佩戴首饰，得10分	
		10分	保持工作环境干净、整洁，得10分	
操作规范（80分）	更鞋	20分	进入缓冲室：坐在鞋柜上，面朝外门，得5分	
			从鞋柜内侧取鞋套，弯腰套上鞋套，得10分	
			坐着转身180°，得5分	
	洗手、烘干	20分	正确存放自己的随身物品，不化妆、不佩戴首饰，得5分	
			走到洗手池旁，感应开关，让水冲洗双手掌至腕5cm，得2分	
			双手触摸清洁剂后，相互摩擦，使手心、手背及手腕上5cm的皮肤均匀充满泡沫，得3分	
			手心、手背及手腕上充分摩擦10秒左右，得2分	
			水冲洗双手，同时双手上下翻动相互摩擦，直至双手掌摩擦不感到滑腻为止，得3分	
			走到自动烘手机前，伸手掌至烘手机下8~10cm处，得2分	
			上下翻动双手掌，直到烘干为止，得3分	
	穿洁净工作服	30分	用肘弯推开门进入更衣室，得3分	
			在更衣柜内取出自己号码的洁净工作服袋和一次性口罩，得3分	
			戴上一次性口罩，罩住口、鼻，得3分	
			取出洁净工作上衣，穿上，得3分	
			戴帽，得3分	
			把头发全部塞入帽内，得3分	
			取出洁净工作裤，穿上，得3分	
			将上衣衣摆全部扎入裤内，得3分	
			对着镜子检查衣领是否已翻好，拉链是否已拉到喉部，得3分	
			帽子和口罩戴正，得3分	
	手消毒	10分	用肘弯推开门进入手消毒室，得1分	
			走到自动酒精喷雾器前，伸双手至喷雾器下10cm左右处，得2分	
			喷雾器自动开启，翻动双手，使酒精均匀喷在双手掌上各处，得2分	
			缩回双手，酒精喷雾器停止工作，得2分	
			挥动双手，让酒精挥发，得2分	
			进入D级洁净区走廊（用肘弯推开门），得1分	

注意：退出洁净区，将洁净工作服放置在更衣室的收集桶内，待洗衣人员清洗；一次性鞋套和一次性口罩请放在更鞋室的垃圾桶内。

【相关知识】

一、人员卫生

所有人员都应当接受卫生要求的培训，企业应当建立人员卫生操作规程，最大限度地降低人员对药品生产造成污染的风险。人员卫生操作规程应当包括与健康、卫生习惯及人员着装相关的内容。生产区和质量控制区的人员应当正确理解相关的人员卫生操作规程。企业应当采取措施确保人员卫生操作规程的执行。企业应当对人员健康进行管理，并建立健康档案。直接接触药品的生产人员上岗前应当接受健康检查，以后每年至少进行一次健康检查。企业应当采取适当措施，避免体表有伤口、患有传染病或其他可能污染药品疾病的人员从事直接接触药品的生产。

参观人员和未经培训的人员不得进入生产区和质量控制区，特殊情况确需进入的，应当事先对个人卫生、更衣等事项进行指导。任何进入生产区的人员均应当按照规定更衣。工作服的选材、式样及穿戴方式应当与所从事的工作和空气洁净度级别要求相适应。进入洁净生产区的人员不得化妆和佩戴饰物。生产区、仓储区应当禁止吸烟和饮食，禁止存放食品、饮料、香烟和个人用药品等非生产用物品。操作人员应当避免裸手直接接触药品、与药品直接接触的包装材料和设备表面。

二、无菌药品及洁净区分级

无菌药品按生产工艺可分为两类：采用最终灭菌工艺的为最终灭菌产品；部分或全部工序采用无菌生产工艺的为非最终灭菌产品。洁净区的设计必须符合相应的洁净度要求，包括达到“静态”和“动态”的标准。

无菌药品生产所需的洁净区可分为以下4个级别。

A级：高风险操作区，如灌装区、放置胶塞桶和与无菌制剂直接接触的敞口包装容器的区域及无菌装配或连接操作的区域，应当用单向流操作台（罩）维持该区的环境状态。单向流系统在其工作区域必须均匀送风，风速为0.36~0.54m/s（指导值）。应当有数据证明单向流的状态并经过验证。在密闭的隔离操作器或手套箱内，可使用较低的风速。

B级：指无菌配制和灌装等高风险操作A级洁净区所处的背景区域。

C级和D级：指无菌药品生产过程中重要程度较低操作步骤的洁净区。

以上各级别空气悬浮粒子的标准规定如表1–2所示。

表1-2　各级别空气悬浮粒子的标准规定

洁净度级别	悬浮粒子最大允许数（m^3）			
	静态		动态	
	≥0.5μm	≥5.0μm	≥0.5μm	≥5.0μm
A级	3520	20	3520	20
B级	3520	29	352000	2900
C级	352000	2900	3520000	29000
D级	3520000	29000	不作规定	不作规定

应当对微生物进行动态监测，评估无菌生产的微生物状况。监测方法有沉降菌法、定量空气浮游菌采样法和表面取样法（如棉签擦拭法和接触碟法）等。动态取样应当避免对洁净区造成不良影响。成品批记录的审核应当包括环境监测的结果。

对表面和操作人员的监测，应当在关键操作完成后进行。在正常的生产操作监测外，可在系统验证、清洁或消毒等操作完成后增加微生物监测。如表1-3所示。

表1-3　洁净区微生物监测的动态标准规定

洁净度级别	浮游菌（cfu/m^3）	沉降菌（ϕ90mm）（cfu/4小时）	表面微生物	
			接触（ϕ55mm）（cfu/碟）	5指手套（cfu/手套）
A级	<1	<1	<1	<1
B级	10	5	5	5
C级	100	50	25	—
D级	200	100	50	—

应当制定适当的悬浮粒子和微生物监测警戒限度和纠偏限度。操作规程中应当详细说明结果超标时需采取的纠偏措施。

无菌药品的生产操作环境可参照表格中的示例进行选择，如表1-4、表1-5所示。

表1-4　最终灭菌产品生产操作

洁净度级别	最终灭菌产品生产操作示例
C级背景下的局部A级	高污染风险①的产品灌装（或灌封）
C级	1. 产品灌装（或灌封） 2. 高污染风险②产品的配制和过滤 3. 眼用制剂、无菌软膏剂、无菌混悬剂等的配制、灌装（或灌封） 4. 直接接触药品的包装材料和器具最终清洗后的处理
D级	1. 轧盖 2. 灌装前物料的准备 3. 产品配制（指浓配或采用密闭系统的配制）和过滤直接接触药品的包装材料和器具的最终清洗

注：①此处的高污染风险是指产品容易长菌、灌装速度慢、灌装用容器为广口瓶、容器须暴露数秒后方可密封等状况；②此处的高污染风险是指产品容易长菌、配制后需等待较长时间方可灭菌或不在密闭系统中配制等状况。

表1-5 非最终灭菌产品的无菌生产操作

洁净度级别	非最终灭菌产品的无菌生产操作示例
B级背景下的A级	1. 处于未完全密封①状态下产品的操作转运，如产品灌装（或灌封）、分装、压塞、轧盖②等 2. 灌装前无法除菌过滤的药液或产品的配制 3. 直接接触药品的包装材料、器具灭菌后的装配以及处于未完全密封状态下的转运和存放 4. 无菌原料药的粉碎、过筛、混合、分装
B级	1. 处于未完全密封①状态下的产品置于完全密封容器内的转运 2. 直接接触药品的包装材料、器具灭菌后处于密闭容器内的转运和存放
C级	1. 灌装前可除菌过滤的药液或产品的配制 2. 产品的过滤
D级	直接接触药品的包装材料、器具的最终清洗、装配或包装、灭菌

注：①轧盖前产品视为处于未完全密封状态；②根据已压塞产品的密封性、轧盖设备的设计、铝盖的特性等因素，轧盖操作可选择在C级或D级背景下的A级送风环境中进行。A级送风环境应当至少符合A级区的静态要求。

高污染风险的操作宜在隔离操作器中完成。隔离操作器及其所处环境的设计，应当能够保证相应区域空气的质量达到设定标准。传输装置可设计成单门或双门，也可是同灭菌设备相连的全密封系统。

物品进出隔离操作器应当特别注意防止污染。

隔离操作器所处环境取决于其设计及应用，无菌生产的隔离操作器所处的环境至少应为D级洁净区。

隔离操作器只有经过适当的确认后方可投入使用。确认时应当考虑隔离技术的所有关键因素，如隔离系统内部和外部所处环境的空气质量、隔离操作器的消毒、传递操作以及隔离系统的完整性。

隔离操作器和隔离用袖管或手套系统应当进行常规监测，包括经常进行必要的检漏试验。

应当按照操作规程更衣和洗手，尽可能减少对洁净区的污染或将污染物带入洁净区。

工作服及其质量应当与生产操作的要求及操作区的洁净度级别相适应，其式样和穿着方式应当能够满足保护产品和人员的要求。各洁净区的着装要求规定如下。

D级洁净区：应当将头发、胡须等相关部位遮盖。应当穿合适的工作服和鞋子或鞋套。应当采取适当措施，以避免带入洁净区外的污染物。

C级洁净区：应当将头发、胡须等相关部位遮盖，应当戴口罩。应当穿手腕处可收紧的连体服或衣裤分开的工作服，并穿适当的鞋子或鞋套。工作服应当不脱落纤维或微粒。

A/B级洁净区：应当用头罩将所有头发以及胡须等相关部位全部遮盖，头罩应当塞进衣领内，应当戴口罩以防散发飞沫，必要时戴防护目镜。应当戴经灭菌且无颗粒物（如滑石粉）散发的橡胶或塑料手套，穿经灭菌或消毒的脚套，裤腿应当塞进脚套内，袖口应当塞进手套内。工作服应为灭菌的连体工作服，不脱落纤维或微粒，并能滞留身体散发的微粒。

个人外衣不得带入通向B级或C级洁净区的更衣室。每位员工每次进入A/B级洁净区，应当更换无菌工作服；或每班至少更换一次，但应当用监测结果证明这种方法的可行性。操作期间应当经常佩戴消毒手套，并在必要时更换口罩和手套。

洁净区所用工作服的清洗和处理方式应当能够保证其不携带有污染物，不会污染洁净区。应当按照相关操作规程进行工作服的清洗、灭菌，洗衣间最好单独设置。

口服液体和固体制剂、腔道用药（含直肠用药）、表皮外用药品等非无菌制剂生产的暴露工序区域及其直接接触药品的包装材料最终处理的暴露工序区域，应当参照D级洁净区的要求设置，企业可根据产品的标准和特性对该区域采取适当的微生物监控措施。

（吕毅　王晓娟）

实训二　物料进出洁净区

【实训目的】

使学生熟悉物料（原辅料、包装材料）进出D级洁净区的管理要求。

【实训材料】

75%乙醇（适量）、剪刀（1把）、空白物料标签（1张）、洁净工作服（1套）、一次性口罩（1个）、一次性鞋套（1双）、药品生产车间基本设施。

【实训内容】

（一）物料进入

1.去外包　去外包室，去掉外包装，清洁内包装，用75%乙醇擦拭内包装，贴好物料标签。

2.存放于缓冲室（或气闸室或传递窗内）　存放在物料架上，紫外灯照射30分钟。

3.洁净区人员取走洁净物料　注意气闸室的两扇门不能同时开启，关紫外灯。

4.存放在物料暂存室　填写好物料货位卡、物料台账，保证账、物、卡相符。

（二）物料取出（不作为考核内容）

加新包装袋贴好物料标签，存放在传递窗（或缓冲室），由一般生产区人员取走。

【考核】

（一）题目

物料（原辅料、包装材料）进出D级洁净区的程序。

（二）完成时间

50分钟。

（三）条件与要求

药用辅料一包（有内外包装）、75%乙醇、物料标签、鞋套、清洁剂、烘手机、酒精喷雾器、洁净工作服（分体式）、一次性口罩、拖把、抹布。

（四）考核内容及评分表

评价包括两方面，总分为100分。其中，职业素养占该项目总分的20%，操作规范占该项目总分的80%。职业素养和操作规范两项均需合格，总成绩评定为合格。如表2-1所示。

表2-1　物料进入洁净区评分表

<table>
<tr><th colspan="2">评价内容</th><th>分值</th><th>评分细则</th><th>实得分</th></tr>
<tr><td colspan="2" rowspan="2">职业素养
（20分）</td><td>10分</td><td>穿工作服，不披发、化妆和佩戴首饰，得10分</td><td></td></tr>
<tr><td>10分</td><td>保持工作环境干净、整洁，得10分</td><td></td></tr>
<tr><td rowspan="9">操作规范（80分）</td><td rowspan="3">去外包</td><td rowspan="3">30分</td><td>用剪刀剪去物料外包装，不损坏内包装，得10分</td><td></td></tr>
<tr><td>用75%乙醇擦拭内包装，确保全部消毒，得10分</td><td></td></tr>
<tr><td>贴好物料标签，得10分</td><td></td></tr>
<tr><td rowspan="3">存放于缓冲室</td><td rowspan="3">20分</td><td>打开缓冲室（或传递窗）外门，得5分</td><td></td></tr>
<tr><td>将消毒好的物料放在缓冲室物料架上，得15分</td><td></td></tr>
<tr><td>打开紫外灯，灭菌30分钟，得10分</td><td></td></tr>
<tr><td rowspan="3">取走物料</td><td rowspan="3">30分</td><td>打开缓冲室内门（注意气闸室的两扇门不能同时开启），得10分</td><td></td></tr>
<tr><td>洁净区里面工作人员（或本人从人员通道穿洁净衣进入）取走物料，得10分</td><td></td></tr>
<tr><td>将物料放置在原辅料暂存室货架上，填写货位卡和物料台账，得10分</td><td></td></tr>
</table>

注意：退回物料，贴好物料标签，存放在传递窗（或缓冲室），由一般生产区人员取走。

【相关知识】

药品生产所用的原辅料、与药品直接接触的包装材料应当符合相应的质量标准。药品上直接印字所用油墨应当符合食用标准要求。

原辅料、与药品直接接触的包装材料和印刷包装材料的接收应当有操作规程，所有到货物料均应当检查，以确保与订单一致，并确认供应商已经质量管理部门批准。

物料的外包装应当有标签，并注明规定的信息。必要时，还应当进行清洁，发现外包装损坏或其他可能影响物料质量的问题，应当向质量管理部门报告并进行调查和记录。

与药品直接接触的包装材料和印刷包装材料的管理和控制要求与原辅料相同。

包装材料应当由专人按照操作规程发放，并采取措施避免混淆和差错，确保用于药品生产的包装材料正确无误。

印刷包装材料应当设置专门区域妥善存放，未经批准人员不得进入。切割式标签或其他散装印刷包装材料应当分别置于密闭容器内储运，以防混淆。

不合格的物料、中间产品、待包装产品和成品的每个包装容器上均应当有清晰醒目的标志，并在隔离区内妥善保存。

制剂产品不得进行重新加工。不合格的制剂中间产品、待包装产品和成品一般不得进行返工。只有不影响产品质量、符合相应质量标准，且根据预定、经批准的操作规程以及对相关风险充分评估后，才允许返工处理。返工应当有相应记录。

（杨芳　肖秀春）

实训三　洁净区的日常管理

【实训目的】

学生能区分一般生产区和洁净区、理解洁净区装修的特点，加强对洁净区的卫生管理。

【实训材料】

75%乙醇（适量）、洁净工作服（1套）、一次性口罩（1个）、一次性鞋套（1双）、药品生产车间基本设施。

【实训内容】

1.人员与物料的流向　人员与物料走向合理，不相互干扰。

2.洁净区的分级　洁净区分为A、B、C、D级，要求最严格的是A级，但并不是所有无菌制剂（如注射剂）的洁净区均为A级，A级仅用于无菌制剂的高风险区（如灌装区域）；D级为口服制剂（口服固体、口服液体）的洁净生产区。

3.洁净区的装修特点　注意观察顶、墙、弯角、地面、灯具等，顶与墙壁均为“彩钢板”材质耐清洗，无脱落物；弯角处均为弧角，易于清洗；灯具均有灯罩，可以防止积尘；地面为环氧树脂自流平地坪，没有裂缝。

4.地漏设置要求　地漏不能对药品生产造成污染，药品生产时地漏必须液封，生产结束后，必须用消毒剂液封（消毒剂品种每个月更换一次），A级车间不得设置地漏，B级、C级车间少设置地漏，D级车间可以设置地漏。

5.空气三重过滤　进入洁净区的空气必须要经过三重过滤：初效过滤、中效过滤、高效过滤，其中高效过滤器安装在洁净区进风口位置，当风速达不到药品GMP要求时，可以更换，但不推荐清洗（容易损坏），高效过滤器的孔径为0.22 μm，可以阻挡细菌、芽孢及大微粒进入；而初效过滤器、中效过滤器装在空调机组内部，可以更换或清洗，清洗必须符合过滤器的清洗规程，不要损坏过滤器，原则上当压差大于初始压差的2倍时清洗。（注：高效过滤器孔径为0.22 μm，可以阻挡细菌、大多数病毒；因为大多数细菌的直径为0.5~10 μm，芽孢的平均直径约为0.5 μm，绝大多数病毒直径为0.2~0.5 μm，较小的病毒直径为0.02~0.05 μm。）

6.洁净区主要固体管道必须标明内容物名称和流向，纯化水和注射用水管道必须采用优质不锈钢材质，采用“U”形管道，避免死水和盲管。纯化水和注射用水的阀门需采用“卫生级隔膜阀”，尽量避免使用“球阀”。隔膜阀与球阀的区别如图3-1所示。

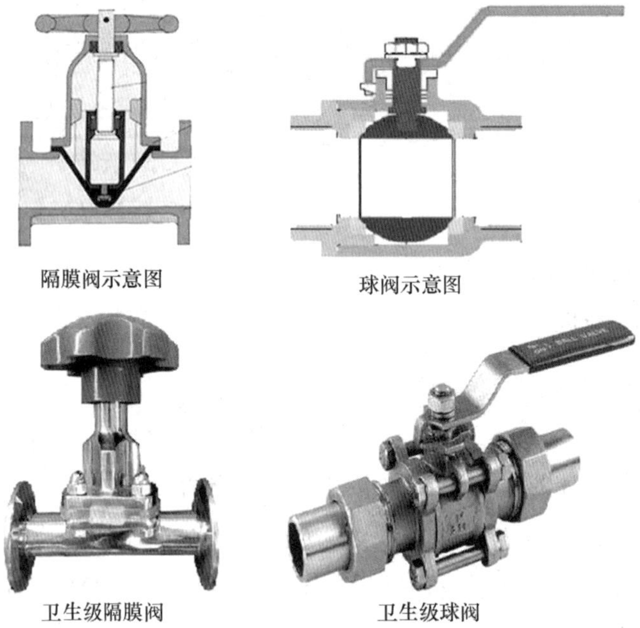

图3-1　卫生级隔膜阀与球阀的区别

7.洁净区的温湿度必须符合所生产产品的工艺要求。

8.洁净区与非洁净区之间压差必须大于10Pa，相邻洁净级别的相邻房间压差必须大于10Pa。

【考核】

（一）题目

能理解GMP洁净区布局、装修的要求。

（二）完成时间

20分钟。

（三）条件与要求

符合GMP要求的D级洁净区。

（四）考核内容及评分表

评价包括两方面，总分为100分。其中，职业素养与操作规范占该项目总分的20%，现场问答占该项目总分的80%。职业素养与操作规范、现场问答两项均需合格，总成绩评定为合格。如表3-1所示。

表3-1　洁净区的日常管理知识评分表

评价内容		分值	评分细则	实得分
职业素养与操作规范（20分）		10	穿工作服，不披发、化妆和佩戴首饰	
		10	保持工作环境干净、整洁	
现场问答（80分）	洁净区的日常管理	10	指出初效过滤器、中效过滤器、高效过滤器的安装位置	
		10	区分洁净区压力表的安装位置及压差要求	
		10	区分不同洁净级别洁净区对应的药品生产的工序	
		10	地漏的设计特点及地漏的清洁与消毒	
		10	介绍洁净区主要固定管道设计要求、阀门要求	
		10	区分进风口、回风口、排风口	
		10	洁净区的卫生工具的材质要求、洁净区的内表面材质要求	
		10	洁净区的温湿度要求	

【相关知识】

一、厂房与设施

厂房的选址、设计、布局、建造、改造和维护必须符合药品生产要求，应当能够最大限度地避免污染、交叉污染、混淆和差错，便于清洁、操作和维护。

生产区和贮存区应当有足够的空间，确保有序地存放设备、物料、中间产品、待包装产品和成品，避免不同产品或物料的混淆、交叉污染，避免生产或质量控制操作发生遗漏或差错。

应当根据药品品种、生产操作要求及外部环境状况等配置空调净化系统，使生产区有效通风，并有温度、湿度控制和空气净化过滤，保证药品的生产环境符合要求。

洁净区与非洁净区之间、不同级别洁净区之间的压差应当不低于10Pa。必要时，相同洁净度级别的不同功能区域（操作间）之间也应当保持适当的压差梯度。

洁净区的内表面（墙壁、地面、天棚）应当平整光滑、无裂缝、接口严密、无颗粒物脱落，避免积尘，便于有效清洁，必要时应当进行消毒。

制剂的原辅料称量通常应当在专门设计的称量室内进行。

产尘操作间（如干燥物料或产品的取样、称量、混合、包装等操作间）应当保持相对负压或采取专门的措施，防止粉尘扩散、避免交叉污染并便于清洁。

维修间应当尽可能远离生产区。存放在洁净区内的维修用备件和工具，应当放置在专门的房间或工具柜中。

二、设备

设备的设计、选型、安装、改造和维护必须符合预定用途，应当尽可能降低产生污染、交叉污染、混淆和差错的风险，便于操作、清洁、维护，以及必要时进行的消毒或灭菌。

应当建立设备使用、清洁、维护和维修的操作规程，并保存相应的操作记录。

生产设备不得对药品质量产生任何不利影响。与药品直接接触的生产设备表面应当平整、光洁、易清洗或消毒、耐腐蚀，不得与药品发生化学反应、吸附药品或向药品中释放物质。

应当配备有适当量程和精度的衡器、量具、仪器和仪表。

生产用模具的采购、验收、保管、维护、发放及报废应当制定相应操作规程，设专人专柜保管，并有相应记录。

应当按照详细规定的操作规程清洁生产设备。

生产设备清洁的操作规程应当规定具体而完整的清洁方法、清洁用设备或工具、清洁剂的名称和配制方法、去除前一批次标识的方法、保护已清洁设备在使用前免受污染的方法、已清洁设备最长的保存时限、使用前检查设备清洁状况的方法，使操作者能以可重现的、有效的方式对各类设备进行清洁。

生产设备应当有明显的状态标识，标明设备编号和内容物（如名称、规格、批号）；没有内容物的应当标明清洁状态。

主要固定管道应当标明内容物名称和流向。

三、生产管理

所有药品的生产和包装均应当按照批准的工艺规程和操作规程进行操作并有相关记录，以确保药品达到规定的质量标准，并符合药品生产许可和注册批准的要求。

应当建立划分产品生产批次的操作规程，生产批次的划分应当能够确保同一批次产品质量和特性的均一性。

每批产品应当检查产量和物料平衡，确保物料平衡符合设定的限度。如有差异，必须查明原因，确认无潜在质量风险后，方可按照正常产品处理。

不得在同一生产操作间同时进行不同品种和规格药品的生产操作，除非没有发生混淆或交叉污染的可能。

防止生产过程中的污染和交叉污染。

生产开始前应当进行检查，确保设备和工作场所没有上批遗留的产品、文件或与本批产品生产无关的物料，设备处于已清洁及待用状态。检查结果应当有记录。

生产操作前，还应当核对物料或中间产品的名称、代码、批号和标识，确保生产所用物料或中间产品正确且符合要求。

包装操作规程应当规定降低污染和交叉污染、混淆或差错风险的措施。

生产过程中应当尽可能采取措施，防止污染和交叉污染，具体如下。①在分隔的区域内生产不同品种的药品；②采用阶段性生产方式；③设置必要的气锁间和排风；空气洁净度级别不同的区域应当有压差控制；④应当降低未经处理或未经充分处理的空气再次进入生产区导致污染的风险；⑤在易产生交叉污染的生产区内，操作人员应当穿戴该区域专用的防护服；⑥采用经过验证或已知有效的清洁和去污染操作规程进行设备清洁；必要时，应当对与物料直接接触的设备表面的残留物进行检测；⑦采用密闭系统生产；⑧干燥设备的进风应当有空气过滤器，排风应当有防止空气倒流装置；⑨生产和清洁过程中应当避免使用易碎、易脱屑、易发霉器具；使用筛网时，应当有防止因筛网断裂而造成污染的措施；⑩液体制剂的配制、过滤、灌封、灭菌等工序应当在规定时间内完成；⑪软膏剂、乳膏剂、凝胶剂等半固体制剂以及栓剂的中间产品应当规定贮存期和贮存条件。

四、偏差处理

各部门负责人应当确保所有人员正确执行生产工艺、质量标准、检验方法和操作规程，防止偏差的产生。

企业应当建立偏差处理的操作规程，规定偏差的报告、记录、调查、处理以及所采取的纠正措施，并有相应的记录。

任何偏差都应当评估其对产品质量的潜在影响。企业可以根据偏差的性质、范围、对产品质量潜在影响的程度将偏差分类（如重大、次要偏差），对重大偏差的评估还应当考虑是否需要对产品进行额外的检验以及对产品有效期的影响，必要时，应当对涉及重大偏差的产品进行稳定性考察。

任何偏离生产工艺、物料平衡限度、质量标准、检验方法、操作规程等的情况均应当有记录，并立即报告主管人员及质量管理部门，应当有清楚的说明，重大偏差应当由质量管理部门会同其他部门进行彻底调查，并有调查报告。偏差调查报告应当由质量管理部门的指定人员审核并签字。

企业还应当采取预防措施有效防止类似偏差的再次发生。

（张云坤　胡文主）

实训四 纯化水的制备

【实训目的】

了解纯化水制备的相关知识，了解制水系统运行时的作用和原理；了解反渗透制备纯化水设备的结构、组成、工作原理及日常维护；掌握制水岗位的操作规程；熟悉各项水质检测的相关知识。

【实训材料】

制水设备一套、电导率测定仪、烧杯（5个）、试管（5支）、酸碱指示剂等。

【实训内容】

检查制水系统的状态，对制水系统进行冲洗，做好准备。按照要求开机，观察设备是否运行稳定，排除废水，检查纯化水的电导率、pH值及澄清度，记录纯化水设备的运行数据。

1.纯化水的用途 纯化水主要用于非无菌药品的配料、直接接触药品的设备、器具和包装材料最后一次洗涤用水、非无菌原料药精制工艺用水、制备注射用水的水源、直接接触非最终灭菌棉织品的包装材料粗洗用水等。

纯化水可作为配制普通药物制剂用的溶剂或试验用水；可作为中药注射剂、滴眼剂等灭菌制剂所用饮片的提取溶剂；口服、外用制剂配制用溶剂或稀释剂；非灭菌制剂用器具清洗用水。也用作非灭菌制剂所用饮片的提取溶剂。纯化水不得用于注射剂的配制与稀释。

2.纯化水制备 制备纯化水的方法有蒸馏法、离子交换法、电渗析法、反渗透法等，使用最为普遍的方法为反渗透法。反渗透法制备纯化水的流程如图4-1、图4-2所示。

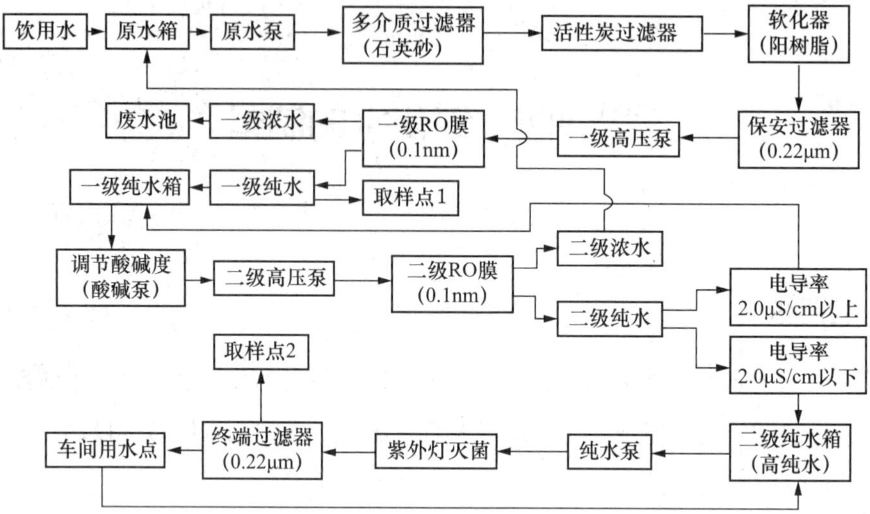

图4-1　反渗透法制备纯化水的流程图

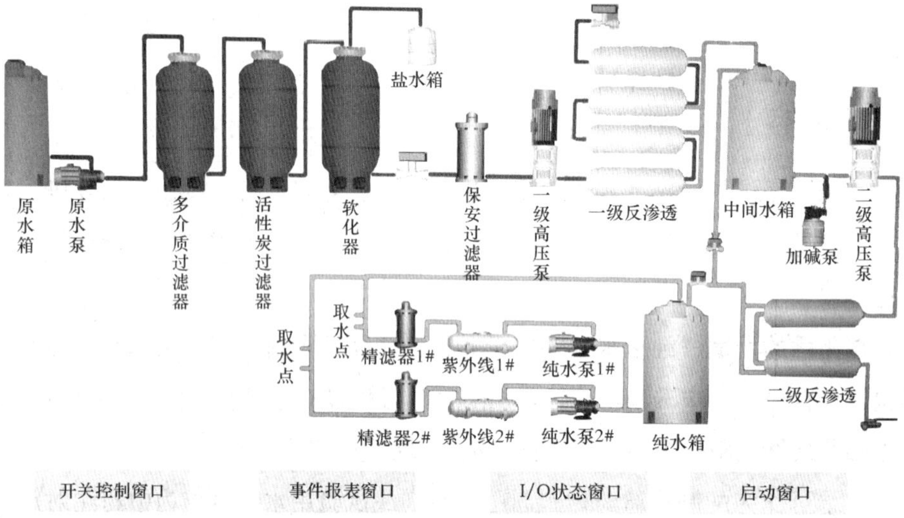

图4-2　二级反渗透法纯水系统流程图

3.纯化水系统操作

（1）打开饮用水开关，注入原水箱。

（2）打开“操作面板”柜门，打开电源开关。

（3）关好“操作面板”柜门，顺时针旋转打开电源开关（黑色旋钮）。

（4）等待30秒后，保证设备正常连接。

（5）手碰“操作面板”上的触摸屏，保证触摸屏处于工作状态。如图4-3所示。

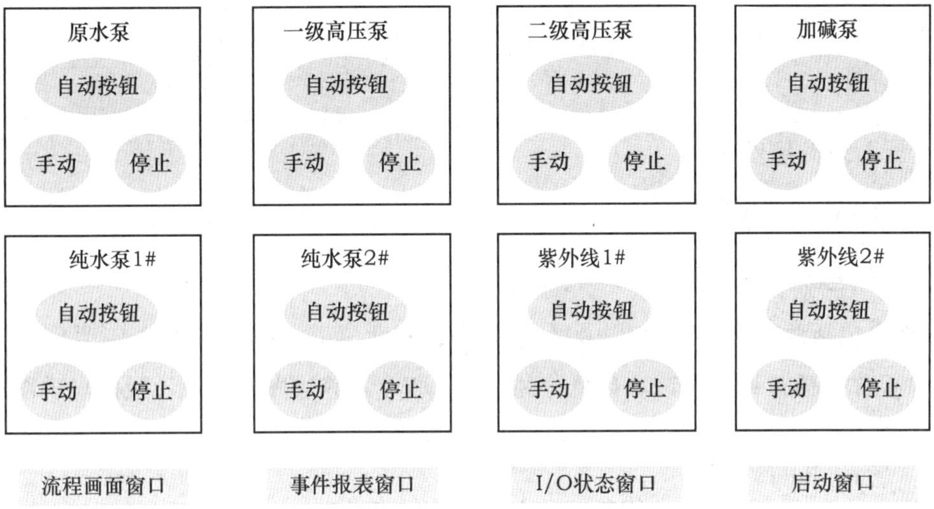

图4-3　纯水系统按钮控制窗口

（6）依次打开“原水泵”“一级高压泵”“二级高压泵”“纯水泵1”“紫外灯1”的“自动启动”按钮。（注意：避免打开“手动按钮”开关，以免电机空转，导致电机烧坏。）

（7）调节一级纯水、一级浓水，二级纯水、二级浓水的阀门，保证正常的流速。

（8）记录原水、一级纯水、二级纯水的电导率。

（9）记录各过滤器的进出压力。

（10）在“取样口1”“取样口2”取样，进行质量检测，保证纯化水的质量，“取样口2”的水必须符合《中国药典》（2015年版）对纯化水的要求。

（11）关机。在“按钮控制窗口”关闭“停止”按钮，顺序依次为“紫外灯1”“纯水泵1”“二级高压泵”“一级高压泵”“原水泵”，关闭操作面板上的电源旋钮（黑色旋钮），打开操作面板柜门，关闭电源，关好操作面板柜门，关闭自来水阀门。

（12）清场。

【考核】

（一）题目

能理解反渗透制备纯化水设备的结构、组成、工作原理及日常维护，掌握制水岗位的岗位操作规程，熟悉各项水质检测的相关知识。

（二）完成时间

30分钟。

（三）条件与要求

二级反渗透纯化水系统。

（四）考核内容及评分表

评价包括两方面，总分为100分。其中，职业素养与操作规范占该项目总分的20%，操作与质量评价占该项目总分的80%。职业素养与操作规范、操作与质量评价两项均需合格，总成绩评定为合格。如表4-1所示。

表4-1　纯化水的制备评分表

<table>
<tr><th colspan="2">评价内容</th><th>分值</th><th>评分细则</th><th>实得分</th></tr>
<tr><td colspan="2" rowspan="2">职业素养与操作规范（20分）</td><td>10</td><td>穿工作服，不披发、化妆和佩戴首饰，得10分</td><td></td></tr>
<tr><td>10</td><td>保持工作环境干净、整洁，得10分</td><td></td></tr>
<tr><td rowspan="9">操作部分（80分）</td><td rowspan="6">操作</td><td rowspan="6">50</td><td>能说出纯化水的制备流程，得8分</td><td></td></tr>
<tr><td>能说出纯化水的主要用途、贮存方法，得8分</td><td></td></tr>
<tr><td>能说出纯化水的制备原理，得8分</td><td></td></tr>
<tr><td>能正确开机、关机，得10分</td><td></td></tr>
<tr><td>能正确记录纯化水设备的各项参数，得8分</td><td></td></tr>
<tr><td>能进行设备的日常维护，得8分</td><td></td></tr>
<tr><td rowspan="3">质量评价</td><td rowspan="3">30</td><td>澄明度检查（无色的澄清液体；无臭，无味），得10分</td><td></td></tr>
<tr><td>电导率检查（电导率要求及检查方法），得10分</td><td></td></tr>
<tr><td>其他项目的检查（酸碱度、硝酸盐、亚硝酸盐、氨、总有机碳、易氧化物、不挥发物、重金属、微生物限度），如微生物限度要求，得10分</td><td></td></tr>
</table>

【相关知识】

制药用水应当适合其用途，并符合《中国药典》（2015年版）的质量标准及相关要求。制药用水至少应当采用饮用水。

水处理设备及其输送系统的设计、安装、运行和维护应当确保制药用水达到设定的质量标准。水处理设备的运行不得超出其设计能力。

纯化水及注射用水储罐和输送管道所用材料应当无毒、耐腐蚀；储罐的通气口应当安装不脱落纤维的疏水性除菌滤器；管道的设计和安装应当避免死角、盲管。

纯化水及注射用水的制备、贮存和分配应当能够防止微生物的滋生。纯化水可采用循环，注射用水可采用70℃以上保温循环。

应当对制药用水及原水的水质进行定期监测，并有相应的记录。

应当按照操作规程对纯化水、注射用水管道进行清洗消毒，并有相关记录。发现制药用水微生物污染达到警戒限度、纠偏限度时应当按照操作规程处理。反渗透（reverse osmosis，RO）膜工作原理如图4-4所示。

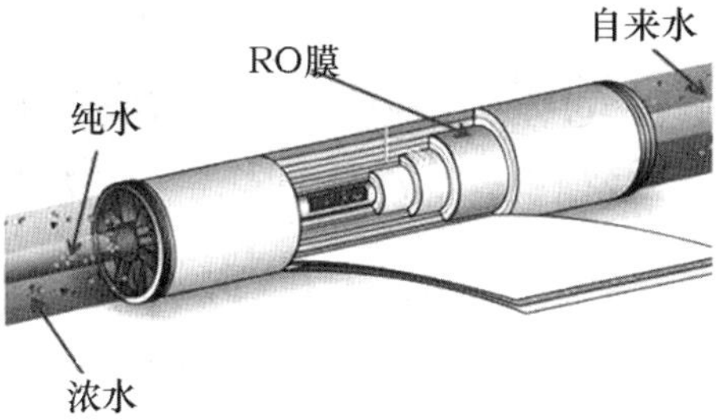

图4-4　反渗透（RO）膜工作原理

《中国药典》（2015年版）对纯化水温度和电导率的限度关系与要求，如表4-2所示。

表4-2　温度与电导率的限度关系

温度（℃）	电导率（μS/cm）	温度（℃）	电导率（μS/cm）
0	2.4	60	8.1
10	3.6	70	9.1
20	4.3	75	9.7
25	5.1	80	9.7
30	5.4	90	9.7
40	6.5	100	10.2
50	7.1		

（谷薇薇　胡文主）

实训五　中药材的前处理

【实训目的】

使学生熟悉中药前处理的过程，正确进行备料、称量配料、粉碎过筛等操作。

【实训材料】

75%乙醇（适量）、中药前处理的基本设备（挑拣台、切药机、烘干设备、粉碎机、振荡筛等）

【实训内容】

中药材的前处理工艺流程，如图5-1所示。

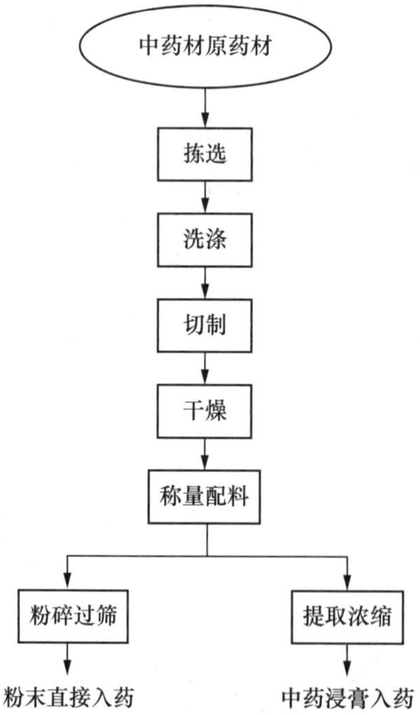

图5-1　中药材的前处理流程

工作任务单

编号	岗位	工作任务
01	前处理	将原药材进行拣、洗、炮、切等处理
02	粉碎过筛岗位	把处理好的药材按要求粉碎
03	粉碎过筛岗位	把粉碎好的物料过筛
04	粉碎过筛岗位	本岗位设备的日常维护

实训指导老师引领

（一）备料

1.下达生产指令　由生产车间工艺员根据拟订的生产计划，按照工艺规程填写批生产指令，经车间主任或技术主管复核后经生产部门负责人及质量管理部门负责人审核批准。

2.按指令备料、领料（原药材）

（1）生产车间材料员按照已审核批准的生产指令填写限额领料单，送仓库，仓库保管员进行备料。

（2）生产前，仓库将备好的物料（原料、辅料应备至最小销售单元）送至生产车间门口。

（3）车间材料员将仓库送来的物料进行核对检查（核对物料名称、规格、批号、数量是否与领料单上的送料信息是否相符合，检查包装是否破损，有无吸潮、霉变等质量问题，检查有无合格检验报告书）。检查无误后，在领料单收料人处签字，按物料净化程序进入生产车间的物料存放室。

（4）填写好物料标签卡，填写《车间收料记录》。

（5）车间材料员严格按生产指令将物料发给车间生产班组。

（二）生产过程

1.原药材的处理

原药材处理按各项药材的炮制方法进行炮制。

（1）药材拣选、清洗

1）拣选岗位　拣选时拣选间应单味药单独拣选，更换品种时需清场。将药材置于工作台面上，仔细拣选出泥沙、木屑、碎石、废纸、废塑料等杂质及霉变物；筛去灰屑。用挑、拣、刷、刮、筛、簸等方法去除非药用部分。拣选完成后，都应打包称重；注明批号、品名、数量、日期、操作人等内容，交下道工序。

2）洗药岗位．拣选后的药材均使用流动水洗涤，用过的水不再用于洗涤其他药材。因不同的药材均有不同的药理性，不同的药材严禁在一起洗涤，药材更换品种洗涤时严格执行清场管理制度。需要浸润的药材要做到药透水尽。洗净的药材交下一道工序，注明品名、批号、日期、操作人等内容。

（2）药材的炮制

（3）切药

1）浸润　根据药材的不同质地采用相应的软化方法。通常根茎类药材采用淋法，坚硬类药材采用浸泡法，易洗出有效成分的药材采用淘洗法。洗后的药材通常以湿布遮盖一段时间，使水分徐徐进入药材内部，达到软化的目的。要做到水尽药透。

2）切片　根据药物的特点和炮制的要求切成1~2mm的薄片、10~15mm小段、2~3mm的丝条。切好的药材用容器收集好，交下道工序。生产结束后按要求清场，填写好生产记录及清场记录。

（4）药材干燥　严格按具体品种药材的工艺操作规程进行操作。含挥发性功效成分的药材应低于60℃烘干。普通药材应低于80℃烘干。炮制后的饮片不得露天干燥。干燥后药材水分应控制在7%~13%。经粉碎及干燥后直接入药的药材，水分应控制在低于4%。烘干后的药材装入洁净的塑料包中，称重并在每件包装上贴上标签，注明品名、批号、数量、日期、操作人。生产结束后按要求清场，填写好生产记录及清场记录。

2.称量配料

（1）操作前先检查场地、称量衡器是否清洁，有无上批清场合格证，并将清场合格证贴于生产记录规定的位置。

（2）称量物料前应对衡器，计量容器进行检查（检查有无合格证，合格证是否在有效期内）、校正、调零。

（3）按照批生产指令进行称量配料，每称量一物料应进行物料平衡的计算，准确无误再称配下一物料。

（4）称量时要有称量人、复核人，必须双方签字并做好记录。物料与批用料记录一致无误。

（5）填写物料标签卡，挂在容器的内外。容器标记齐备，内容完整，准确无误。

（6）填写称量配料表。

（7）称量用具要分开使用以免交叉污染。对毒性、贵重药材在领料时不仅要专人称量核对，还必须有QA监督投料，并有记录。

3.粉碎、过筛

（1）操作前的检查准备工作

①检查生产场地，万能粉碎机、振荡筛的清洁情况，查看是否有上批清场合格证，确认无上次遗留物。

②检查生产现场环境温度、湿度、压差是否符合要求。

③检查粉碎机的扭松固定盘左边的紧固螺丝，打开固定盘，检查料仓、冲击柱、筛圈及出料口是否清洁，检查筛网是否完好。检查振荡筛各部件是否正常，电源是否接通，设备上的状态标志牌是否为“完好”。

④接收当天班次生产所需的各项生产文件，并检查文件是否齐全。

⑤将清场合格证、已清场状态卡贴于操作记录指定的位置。

⑥以上各项操作合格后，领取QA签发的“准产证”，贴于操作记录指定的位置。

⑦仔细阅读生产指令及工艺指令，到中间站领取需要粉碎的净药材，并核对好品名、批号、数量，在中间产品交接单上签字。

⑧从生产用具存放处领取当天生产所需的用具，从容器存放室领取当班生产所需的洁净不锈钢桶。

⑨根据指令，填写好生产状态卡，取下清洁状态卡，设备完好卡，将生产状态卡卡在操作室门上。

（2）操作程序

①使用前应在润滑部分加注润滑油，开机前应用手动，待转动正常，无异常声音方能试开机。

②用75%乙醇将万能粉碎机料仓内表面、冲击柱、固定盘的冲击柱、筛圈、筛网及出料口进行擦拭消毒，将筛圈装好，关好固定盘门并将紧固螺丝扭紧固定好，用75%乙醇将振荡室、筛箱及筛网进行擦拭消毒。

③插上万能粉碎机电源插座，按“绿色”开启按钮、开启设备、空车运行2分钟，试机正常后，扎紧出料布袋，开机加料，不得超负荷运行。

④粉碎过筛时应打开排尘装置，按工艺要求对原辅料进行粉碎。将粉碎好的物料放置洁净的容器内。操作完毕，按“红色”按钮关闭设备，拨下电源插座。拆除筛网，清洗粉碎机各部位。

⑤装好振荡筛筛网，将筛圈平放在筛箱架上，盖好盖子，将四只紧固手柄抬起，

使夹子紧固，用75%乙醇将出料口擦拭消毒后，将出料防尘布袋扎紧，放好接料容器。

⑥接通振荡筛电源，按绿色“启动”按钮，待设备运行稳定后，用不锈钢瓢将物料加入料斗中，同时根据合格的颗粒出料情况控制加料速度（若粒度不合格，应减慢进料速度）。

（3）生产结束

①将粉碎过筛好的物料及时装入不锈钢桶内塑料袋中，扎紧袋口，称重后填写物料标签卡，挂在容器内外。

②每班工作完毕，将粉碎过筛的物料送下一岗位，核对无误后，双方在中间产品交接单上签字交接。

③将设备内的尾料收集并称重后送尾料存放室。

④清洁设备：粉碎机筛网、活动齿、振荡筛筛网用完拆下后拿到清洗室用饮用水清洗干净，目视无上次生产残留物（特别是不易清洗部位），再用纯化水清洗2遍后用75%乙醇擦拭消毒。机器外表面先用饮用水擦洗两遍，目视无上次生产残留物，再用纯化水擦拭两遍后用75%乙醇擦拭消毒。将粉碎机振荡筛出料口布袋拿到清洗室，先用饮用水清洗后，再用纯化水清洗两遍，并晾干。

⑤清洁生产场地，将生产操作室墙壁、天花板、灯具、门、窗等清洁干净（并应定期消毒）。

⑥填写好生产记录及清场记录。

⑦整理好记录，将过时的记录清离岗位，将已清场状态标志挂在操作室门上。

注意事项：①操作前应仔细检查粉碎机筛网的完整性，发现破损，不准使用，加料前，必须先经检查，物料不能有金属及高硬度杂质，粉碎过程中或结束后应随时检查筛网的完整性，发现筛网破损，应追查原因并对所粉碎物做必要的处理，确认无潜在质量事故方可继续生产。设备运行过程中严禁用手及其他东西接触运转部位。②振荡筛在接上电源和试机之前，要做一次彻底检查，各螺栓是否紧固牢，各零部件是否损坏，不允许在未装筛子情况下和夹子未紧固的情况下开机，不允许在机器运转时进行任何调整。

（三）设备的日常维护

1.万能粉碎机的日常维护保养

（1）检查电路及维护　接通电源后，用试电笔检查各电路是否漏电，仔细检查接地装置，接地装置是否损坏，器件、电机是否单向运转，如有故障由电器技师排除。

（2）检查润滑油及维护　本机主轴属高速运转，一般大于4000r/min，每月应定期给加油嘴加注2号航空油脂一次，不能用另外产品代替。否则，主轴轴承容易损坏。

（3）检查易损件及维护　①进出班前检查所有的坚固件、轴承、密封圈，如有松动、间隙加大、设备磨损加快、泄露等现象，由技师进行维修、更换，下班前对设备进行清洁处理。②开机后如发现设备异常振动，需采取紧急停车，应仔细检查筛网的完整性是否破损，筛圈、冲击柱上是否有附着物，一定要一一清除，否则主轴的轴承磨损加快，设备寿命相应降低。

（4）以上各点出班时都应记录备案，以利查找问题。

2.振动筛的日常维护保养

（1）检查电路及维护　接通电源后，用试电笔检查各电路是否漏电，仔细检查接地装置，接地装置是否损坏，器件、电机是否单向运转，如有故障由电器技师排除。

（2）检查润滑油及维护　①本机主轴属中速运转，一般在2000r/min，半年应定期给主轴轴承更换钙基润滑脂ZG-3一次。②在给各处加润滑油时，注意不要使润滑油沾污到缓冲器上，因为缓冲器是由橡胶制成，油类物质很容易使其老化、失效，致使设备振动加剧，使设备使用寿命降低。

（3）检查易损件及维护　进出班前检查所有的坚固件、轴承、密封圈，如有松动、间隙加大、设备磨损加快、泄露等现象，由技师进行维修、更换。下班前对设备进行清洁处理。

（4）以上各点出班时都应记录备案，以利查找问题。

学生练习

（一）备料

1.填写批生产指令　见表5-1所示。

表5-1　批生产指令

记录编码：

产品名称		理论产量		批号	
规格		生产日期		指令生效日期	
填写依据					
填单人			复核人		
生产部				日期	

续表

质量保证部				日期			
物料编号	物料名称	单位	数量	物料编码	物料名称	单位	数量

备注：

2. 填写领料单，并领料 领料单见表5-2。

表5-2 领料单

记录编码： 年 月 日

领料单位				产品批号		规格			
批量				需料日期					
生产部				仓储部					
需料				送料					
编码	半成品物料名称	单位	数量	编码	物料名称	单位	数量	批号	检验单号
领料人		发料人		送料人		收料人			

（二）生产操作

1. 原药材处理 记录原药材处理流程（表5-3）。

表5-3 原药材处理记录表

工序	场地	方法	备注
拣选			
清洗			
切制			
炮制			
干燥			
灭菌			
粉碎、过筛			

2.称量配料 配料记录表见表5-4。

表5-4 原辅料配料记录表

记录编码：

生产批号		规格		计划产量			
物料名称							
批号							
检验单号							
总领用量（kg）							
总配料量（kg）							
剩余量（kg）							
可见损耗量（kg）							
物料平衡率（%）							
配料日期	年 月 日			称量人			
复核人				QA			

3.粉碎、过筛

4.本岗位设备的日常维护

5.填写工作记录

（1）操作记录 见表5-5所示。

表5-5 粉碎、过筛生产记录

记录编码：

<table>
<tr><td>品名</td><td></td><td>批号</td><td></td><td>计划产量</td><td>kg</td></tr>
<tr><td>工房</td><td></td><td colspan="3">粉碎设备：</td><td>编号：</td></tr>
<tr><td colspan="2">过筛设备名称：</td><td colspan="2">编号：</td><td>生产日期</td><td>年 月 日</td></tr>
<tr><td colspan="3">操作指令</td><td colspan="3">操作记录</td></tr>
<tr><td colspan="3">A.复查清场情况，检查有无“清场合格证”，将“已清场”标志牌和“清场合格证”贴于记录规定位置</td><td colspan="3">□ 复核清场情况，符合要求
□ 有“清场合格证”
□ 已贴好</td></tr>
<tr><td colspan="3">B.检查设备状态标志牌，装好设备各部件，调试设备运转情况</td><td colspan="3">□ 粉碎、过筛设备有“完好”标志
□ 装好设备试机均正常</td></tr>
<tr><td colspan="3">C.领取生产用容器、用具</td><td colspan="3">□ 已领取 A、B、C项操作人：</td></tr>
<tr><td colspan="3">D.按批生产指令领取生产用净材料，并复核每件物料的品名、批号、数量，并将每件物料的标签贴于记录规定位置</td><td colspan="3">□ 已领取，并在收发记录上签字
□ 已核对
□ 物料标签已贴好
称量毛重： 净重：
领料人： 发料人：</td></tr>
</table>

续表

E. 填写“生产状态”标志，并挂在操作室门上。	□已填写 □已挂牌于操作室门口
F. 按《万能粉碎机的标准操作规程》粉碎，按工艺控制好筛网目数	SOP编码：__________ __________目　筛网 加____kg入万能粉碎机
G. 按《振荡筛的标准操作程序》进行过筛，将筛好的细粉按目数分别置洁净容器中，称重，并挂好物料标签	SOP编码：_______ ________目　筛网 □已入振荡筛过筛 得__kg　　□已挂物料标签 D、E、F、G项操作人：　　　复核人：
H. 按要求进行清场，清场情况见清场记录	□将筛分好的细粉入中间站 □已清场 操作人：　　　复核人：
I. QA对生产过程的监控	监控情况、结果及发放意见 QA：　　　　年　　月　　日

（2）清场记录　见表5-6。

表5-6　粉碎、过筛清场记录表

记录编码：

清场前	品名		批号		
	工房		生产日期	年　月　日	
清场项目	清场要求		清场结果		
干颗粒	清点送置规定地点放置，挂上状态标志		□已清送置规定处		
废弃物	清离现场，置规定地点		□已清离，置规定处		
文件记录	与续产相关的文件记录整理置工作柜内，无关文件记录清离现场		□已按要求清理		
设备	按其清洁SOP清洁至无油污、干净、无物料残留物，并挂好状态标志牌		□已清洁，并挂“完好”标志牌		
生产用具、容器	按其清洁SOP清洁至清洁、无异物、无物料残留物，挂状态牌		□已清洁，并置存放间存放，挂“已清洁”状态牌		
工作场地	按《洁净室清洁SOP》清洁天棚、墙面、灯具、门窗、操作台，地面至无积尘，地漏按其清洁SOP清洁，并液封加盖，并挂状态标志牌		□已清洁，并挂“已清场”状态牌		
清洁工具	按清洁SOP清洁，置规定处存放		□已清洁，并置规定处存放		
清场人		复核人		清场日期	年　月　日

续表

接续	产品名称	规格	批号
QA检查结果： 检查人：　　　　　　　　年　月　日			
备注：			

（3）设备运行保养记录　见表5-7。

表5-7　设备运行保养记录表

设备名称：　　　　　　　　　　记录编号：

使用时间	使用人	用前情况	运行情况	用后保养情况	备注

（4）设备巡回养护记录　见表5-8。

表5-8　设备巡回养护记录表

设备名称：　　　　　　　　　　记录编号：

设备名称		规格型号	
维护保养内容			
更换材料			
维护保养后效果			
维修人员：		日期：	
使用部门人员：		日期：	

6. 状态标志样张　状态标志示意图见图5-2。

编　　码：

岗位名称：______________

产品名称：______________

批　　号：______规　　格：______

生 产 者：______复 核 者：______

生产日期：______________

a

清场合格证

编　　码：

清场前生产品名：

批　　号：_____规　　格：______

调换品种名称：______________

批　　号：_____规　　格：______

原生产日期：______________

清 场 者：_____复 核 者：______

清场日期：_____有 效 期：______

QA监督员：______________

b

编　码：

待清场

c

物料标签

编　　码：
品　　名：
规　　格：
批　　号：
数　　量：
生 产 者：
复 核 者：
生产日期：
复验期（有效期）：

d

编　码：

完　好

e

图5-2　状态标志示意图

7. 药材炮制与粉碎质量控制要点　见表5-9。

表5-9　药材炮制工序要求

工序	质量控制点	质量控制项目	频次
拣选	净选	杂质、异物、非药用部分、选净程度	每批
清洗	洗净程度	酸不溶性灰分	每次
切制	规格	（长度、大小、粗细、厚薄）片形	每批
炮制	炒煅	性状（黄、焦、炭）、水分、均匀度、存性	每次
干燥	干燥度	性状、水分、定量	每次
灭菌	细粉	性状、水分、微生物数、定性、定量	每次
粉碎、过筛	细粉	性状、水分、细度	每批
中间站	分开	分区、分品种、分批、货位卡、标志	定时

8. 中间站物料进站

（1）物料进出站时，容器均应密封，外壁清洁。

（2）物料进出站时，须认真填写好中间站物料交接记录，收发双方均须在记录上签字。

（3）对进站物料应核对品名、规格、批号、数量、生产日期。

（4）核对无误后挂好待检牌，或围上黄色围栏，填写半成品（中间体）请验单，交质量管理部质检员取样检验。

（5）对进站的中间体或半成品按批号、品名、规格分别摆放整齐，并在容器盖上挂好盛装单，防止混淆。

（6）经检验合格的中间体或半成品，取下"待验"标示牌和黄色围栏，换上"合格"标示牌，或围上绿色围栏。

（7）出站。检验合格的半成品、成品才能发放到下一道工序，发料时核对批号、品名、规格、桶数、重量，填写中间站物料交接记录，双方签字。

9. 中间站的管理要求

（1）待加工的颗粒、胶囊、素片等半成品、中间体须进入中间站暂存，待检验合格后方可进入下一道工序。

（2）中间站存放的物料严格执行定置管理要求，防止差错、污染和交叉污染。

（3）中间站存放的范围仅限中间产品、待重新加工产品应放在不良产品存放室，不合格产品存放在不合格品专库或专区。

（4）中间站存放的物料均应有待验、合格的状态标志。

（5）物料进站、出站均要填写相应的物流交接卡，且要有交接人的签字。

（6）中间站必须随时保持清洁，不得有撒落在地上的物料，如物料撒落在地上则不得回收。

（7）进入中间站的物料必须有标签或标牌，其上标明品种、规格、批号、数量等。

（8）中间站必须按物料品种、批号、规格整齐堆放，并挂牌标示品名、批号、规格、数量等内容。不同品种、批号、规格的物料要按规定距离堆放，并有明显的状态标志。

（9）中间站的洁净度级别应与生产要求相适应。进入中间站的物料外皮必须清洁和无浮尘。中间站应按清洁规程及时进行清洁。

（10）待包装产品必须加盖严密，标明品名、规格、批号、生产日期、数量，并挂上待验标志方可暂存在中间站。

（11）内包装工序凭生产包装指令单与检验合格报告单在中间站领取待包装产品、中间站发放待包装产品时在中间站物流卡上办理交接手续。未取检验合格报告单不得流入下一道工序。

（12）不合格的半成品（中间体）放入车间不合格品存放间，挂上明显红色状态标志，并及时按不合格物料规定限期处理。

（13）如有质量检验要求而没有质量合格检验单的物料，不许发料出站（库）。

（14）中间站的台账应妥善保留。

（15）中间站管理员每天在下班前必须对所存放的各种物料进行核查，如发生偏差，必须及时向车间汇报，查明原因。

【考核】

（一）题目

熟悉中药材前处理的过程，正确进行备料、称量配料、粉碎过筛等操作。

（二）完成时间

30分钟。

（三）条件与要求

万能粉碎机、振荡筛、电子秤、甘草（中药材适量）

（四）考核内容及评分表

评价包括两方面，总分为100分。其中，职业素养与操作规范占该项目总分的20%，作品质量占该项目总分的80%。职业素养与操作规范、作品两项均需合格，总成绩评定为合格。如表5-10所示。

表5-10　中药材前处理评分表

评价内容		分值	评分细则	实得分
职业素养与操作规范（20分）		10	穿工作服，不披发、化妆和佩戴首饰，得10分	
		10	保持工作环境干净、整洁，得10分	
作品（80分）	称量	30	检查称量室清场合格证、温湿度并登记，得8分	
			检查电子秤合格证是否有效、校正、调零，得8分	
			称量、复核，并签字，得6分	
			填写物料标签、填写配料表，得8分	
	粉碎	40	检查粉碎室清场合格证、温湿度并登记，得8分	
			检查设备是否完好，并试机，得8分	
			75%乙醇消毒，得8分	
			开机空转1分钟后，加料粉碎、开机、关机，得8分	
			清场，得8分	
	筛分	10	正确开机、关机，得5分	
			清场，得5分	

【相关知识】

中药材来源应当相对稳定。注射剂生产所用中药材的产地应当与注册申报资料中的产地一致，并尽可能采用规范化生产的中药材。中药材和中药饮片的取样、筛选、称重、粉碎、混合等操作易产生粉尘的，应当采取有效措施，以控制粉尘扩散，避免污染和交叉污染，如安装捕尘设备、排风设施或设置专用厂房（操作间）等。中药材前处理的厂房内应当设拣选工作台，工作台表面应当平整、易清洁，不产生脱落物。

对每次接收的中药材均应当按产地、采收时间、采集部位、药材等级、药材外形（如全株或切断）、包装形式等进行分类，分别编制批号并管理。

接收中药材、中药饮片和中药提取物时，应当核对外包装上的标识内容。中药材外包装上至少应当标明品名、规格、产地、采收（加工）时间、调出单位、质量合格标志；中药饮片外包装上至少应当标明品名、规格、产地、产品批号、生产日期、生产企业名称、质量合格标志；中药提取物外包装上至少应当标明品名、规格、批号、生产日期、贮存条件、生产企业名称、质量合格标志。

中药饮片应当贮存在单独设置的库房中；贮存鲜活中药材应当有适当的设施（如冷藏设施）。中药材应当按照规定进行拣选、整理、剪切、洗涤、浸润或其他炮制加工。未经处理的中药材不得直接用于提取加工。中药注射剂所需的原药材应当由企业采购并自行加工处理。新鲜中药材采收后应当在规定的期限内投料，可存放的鲜用中药材应当采取适当的措施贮存，贮存的条件和期限应当有规定并经验证，不得对产品质量和预定用途有不利影响。

在生产过程中应当采取以下措施防止微生物污染：①处理后的中药材不得直接接触地面，不得露天干燥；②应当使用流动的工艺用水洗涤拣选后的中药材，用过的水不得用于洗涤其他药材，不同的中药材不得同时在同一容器中洗涤。

中药材洗涤、浸润、提取用水的质量标准不得低于饮用水标准，无菌制剂的提取用水应当采用纯化水。

（赵龄　戴波）

实训六　中药材的提取浓缩

【实训目的】

了解中药材提取、浓缩的用途；熟悉ZNTD-50型提取浓缩机组的用途、结构特征和原理；熟悉ZNTD-50型提取浓缩机组设备常见故障及解决方法；掌握ZNTD-50型提取浓缩机组操作规程。

【实训材料】

75%乙醇（适量）、中药提取浓缩的基本设备（多功能提取罐、浓缩罐）

【实训内容】

按照生产指令领取中药材，做好相关记录。检查提取浓缩机组的清洁状态，检查夹层水位，按工艺要求设置好提取罐和浓缩罐的夹层温度。根据工艺要求设定提取时间（一般为1小时），提取完成后，将提取液抽至浓缩罐，重复提取一次，将提取液抽至浓缩罐，启动浓缩加热，浓缩至规定的浓度，浓缩液放完后要及时打开阀门进行清洗，清洗完成关闭所有阀门，生产完毕，按照中药提取浓缩岗位清洁规程进行清场。班（组）长对岗位的物料平衡进行计算做好生产和清场记录，待教师检查合格后，方可退场。中药提取工艺流程，如图6-1所示。

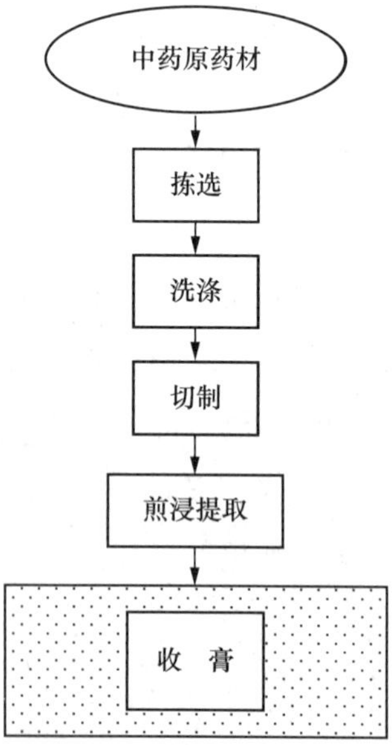

注：[图例]为D级洁净管理区。

图6-1　中药提取工艺流程图

工作任务单

编号	岗位	工作任务
01	提取岗位	将处理好的药材进行提取
02	提取岗位	本岗位设备的日常维护

实训指导老师引领

一、备料

1. 下达批生产指令（见实训五）。
2. 备料领料（见实训五）。

二、生产过程

（一）原材料的处理

详见实训五。

（二）称量配料

详见实训五。

（三）提取、浓缩

按提取、浓缩岗位标准规程操作。

1. 操作前的检查准备工作

（1）检查生产场地，多功能提取罐、浓缩罐的清洁情况，查看是否有上批清场合格证，确认无上次遗留物。

（2）检查压力表、安全阀工作是否正常，保证设备工作压力不得超压，设备上的状态标志牌是否为“完好”。

（3）接收当天班次生产所需的各项生产文件，并检查文件是否齐全。

（4）将清场合格证、已清场状态卡贴于操作记录指定的位置。

（5）以上各项操作合格后，领取QA签发的“准产证”，贴于操作记录指定的位置。

（6）仔细阅读生产指令及工艺指令，到中间站领取需要提取的净药材或药材细粉，并核对好品名、批号、数量，在中间产品交接单上签字。

（7）从生产用具存放处领取当天生产所需的用具，从容器存放室领取当班生产所需的洁净不锈钢桶。

（8）根据指令，填写好生产状态卡，取下清洁状态卡，设备完好卡，将生产状态卡卡在操作室门上。

2.操作程序

（1）在工艺员的指导下，依照生产指令准确称取已经前处理好的中药材（净药材）。

（2）关闭提取罐出料门，将保险销插好；打开提取罐上盖，投料。投料时，按药材的质地、性质决定投料次序，一般质轻者先投，质重者后投。

（3）如需醇提，首先须领用上一次该品种醇提后回收的乙醇，如其浓度达不到工艺要求，加入95%的新乙醇配制。

（4）将物料从投料门中投入，并加入水或溶剂（如乙醇）后，关闭投料门。

（5）确认加热夹层的水到观察口中间位置，检查夹层压力表、安全阀是否正常。设置提取加热温度，打开“提取加热”开关，对设备内物料进行加热，隔十分钟开启冷凝水器上冷却水阀门，待物料开始沸腾后，调低设置温度，使提取罐内物料处于微沸状态，进行提取操作，如需泵回流，此时可启动水泵进行回流操作。

（6）严格按工艺规程所规定的加水（醇）量、煎煮时间、煎煮温度、压力、煎煮次数进行操作。

（7）待提取完成后，关闭“提取加热”，再关闭冷却水阀，将提取罐内药液通过过滤器及泵抽出至药液贮罐。药液全部抽完后，待稍冷，打开排渣门将药渣全部排出。

（8）挥发油的收集。凡需收集挥发油的提取工艺，在煎煮药材时注意只加少量水，以润透药材为目的，并按工艺要求收集挥发油。停止收集挥发油后，可将水加到规定用水量，继而按提取工艺进行操作。收集的挥发油，放冷后能分离开的则用分离器将油水分离，分不开的则进行重蒸馏，不断提高挥发油的含量，至能油水分离为准。所收集的挥发油应标明名称、批号、数量、日期。

（9）煎煮完成后，标明煎煮液的相对密度、体积、数量、名称、批号、日期、操作人。

（10）将提取的药液置浓缩罐内进行浓缩。

（11）确认浓缩罐加热夹层的水到观察口中间位置，检查夹层压力表、安全阀是否正常。设置浓缩加热温度，打开“浓缩加热”开关，对设备内药液进行加热，开启冷凝水器上冷却水阀门。如果要减压浓缩，可以打开真空泵。

（12）浓缩完成后，在洁净区收集浓缩液，标明浓缩液的相对密度、体积、数量、名称、批号、日期、操作人。

3.生产结束

（1）生产结束后将浓缩合格的浓缩液装入洁净的不锈钢容器内，盖好盖子，并称重后，填写物料标签挂在容器上，入中间站，并填写中间产品交接单。

（2）按要求清场，填写好生产记录及清场记录。

注意事项：当本设备内正在煎煮及药汁未放完之前，严禁开启排渣门。夹套蒸汽压力不得超压。

提取浓缩机组示意图及内部结构图如图6-2、图6-3所示。

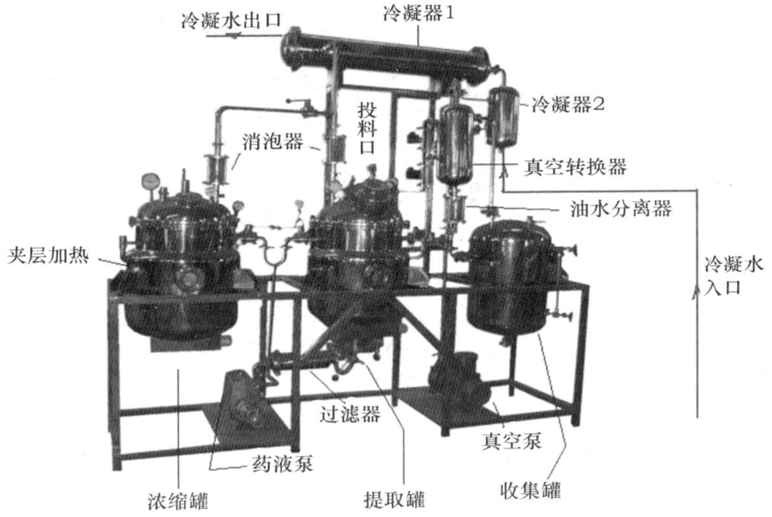

图6-2　ZNTD-50型提取浓缩机组

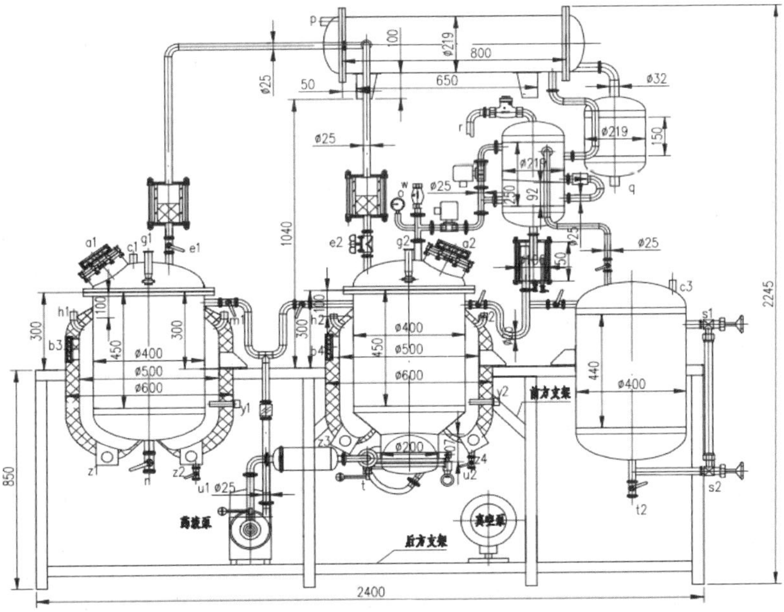

图6-3　ZNTD-50型提取浓缩机组内部结构图

三、设备的日常维护

1. 全面检查电气线路，控制系统是否正确。

2. 检查投料门、排渣门工作是否正常、是否顺利到位。

3. 全面检查设备其他各机件及仪表是否完好无损，各气路是否畅通。

4. 当本设备带压操作时或设备内残余压力尚未泄完之前，严禁开启投料门和排渣门。

5. 本设备排渣门关闭到位后应插销，当设备内压力完全放完后，应先将插销拔出后才能打开排渣门。

6. 定期检查各管路、焊缝、密封面等连接部位。

学生练习

一、备料

1. 填写批生产指令 见表6–1。

表6–1 批生产指令

记录编码：

<table>
<tr><td>产品名称</td><td colspan="2"></td><td>理论产量</td><td></td><td>批号</td><td colspan="2"></td></tr>
<tr><td>规格</td><td colspan="2"></td><td>生产日期</td><td></td><td>指令生效日期</td><td colspan="2"></td></tr>
<tr><td>填写依据</td><td colspan="7"></td></tr>
<tr><td>填单人</td><td colspan="3"></td><td>复核人</td><td colspan="3"></td></tr>
<tr><td>生产部</td><td colspan="4"></td><td>日期</td><td colspan="2"></td></tr>
<tr><td>质量保证部</td><td colspan="4"></td><td>日期</td><td colspan="2"></td></tr>
<tr><td>物料编号</td><td>物料名称</td><td>单位</td><td>数量</td><td>物料编码</td><td>物料名称</td><td>单位</td><td>数量</td></tr>
<tr><td></td><td></td><td></td><td></td><td></td><td></td><td></td><td></td></tr>
<tr><td></td><td></td><td></td><td></td><td></td><td></td><td></td><td></td></tr>
<tr><td></td><td></td><td></td><td></td><td></td><td></td><td></td><td></td></tr>
<tr><td></td><td></td><td></td><td></td><td></td><td></td><td></td><td></td></tr>
</table>

备注：

2. 填写领料单，并领料　领料单见表6-2。

表6-2　领料单

记录编码：　　　　　　　　　　　　　　　　　年　　月　　日

领料单位				产品批号			规格		
批量				需料日期					
生产部				仓储部					
需料				送料					
编码	物料名称	单位	数量	编码	物料名称	单位	数量	批号	检验单号
领料人		发料人		送料人		收料人			

二、生产操作

1. 称量配料　原辅料配料记录表见表6-3所示。

表6-3　原辅料配料记录表

记录编码：

产品名称		规格		批号		计划产量	kg
物料名称							
批号							
检验单号							
总领用量（kg）							
总配料量（kg）							
剩余量（kg）							
可见损耗量（kg）							
物料平衡率（%）							
配料日期	年　　月　　日				称量人		
复核人					QA		

2. 提取、浓缩 按岗位标准操作规程、设备标准操作规程操作。

3. 本岗位设备的日常维护

4. 填写工作记录

（1）操作记录 提取浓缩岗位操作记录见表6–4所示。

表6–4 提取、浓缩岗位操作记录

记录编码：

品名		批号		计划产量	kg
工 房		提取设备：		编号：	
浓缩设备名称：		编号：		生产日期	年 月 日

操作指令	操作记录
A.复查清场情况，检查有无"清场合格证"，将"已清场"标志牌和"清场合格证"贴于记录规定位置	□复核清场情况，符合要求 □有"清场合格证" □已贴好
B.检查设备状态标志牌，装好设备各部件，调试设备运转情况	□提取、浓缩设备有"完好"标志 □装好设备试机均正常
C.领取生产用容器、用具	□已领取 A、B、C项操作人：
D.按批生产指令领取生产用净材料，并复核每件物料的品名、批号、数量，并将每件物料的标签贴于记录规定位置	□已领取，并在收发记录上签字 □已核对 □物料标签已贴好 领料人： 发料人：
E.填写"生产状态"标志，并挂牌	□已填写 已挂牌于操作室门口 操作人： 复核人：
F.按《提取罐操作规程》进行提取	SOP编码：______ □加药材 加溶媒____kg 蒸汽压力___Pa 温度___ 煎煮时间___点至___点 共___小时 操作人： 复核人：
G.按《浓缩罐标准操作程序》进行浓缩至合格，并收入洁净容器，称量后，挂好物料标签卡	SOP编码：______ 蒸汽压力___Pa 温度___ 得___kg 浓缩液比重___ □已挂物料标签卡 操作人： 复核人：
H.按要求进行清场，清场情况见清场记录	□已将所收煎煮液入间站，并填写中间产品交接单 □已按要求清场 操作人： 复核人：
I. QA对生产过程的监控	监控情况、结果及发放意见 QA： 年 月 日

（2）清场记录　提取、浓缩岗位清场记录见表6-5所示。

表6-5　提取、浓缩岗位清场记录

记录编码：

清场前	品名			批号	
	工房			生产日期	年　月　日
清场项目	清场要求			清场结果	
干颗粒	清点送置规定地点放置，挂上状态标志			□ 已清送置规定处	
废弃物	清离现场，置规定地点			□ 已清离，置规定处	
文件记录	与续产相关的文件记录整理置工作柜内，无关文件记录清离现场			□ 已按要求清理	
设备	按其清洁SOP清洁至无油污、干净、无物料残留物，并挂好状态标志牌			□ 已清洁，并挂“完好”标志牌	
生产用具、容器	按其清洁SOP清洁至清洁、无异物、无物料残留物，挂状态牌			□ 已清洁，并置存放间存放，挂“已清洁”状态牌	
工作场地	按《洁净室清洁SOP》清洁天棚、墙面、灯具、门窗、操作台，地面至无积尘，地漏按其清洁SOP清洁，并液封加盖，并挂状态标志牌			□ 已清洁，并挂“已清场”状态牌	
清洁工具	按清洁SOP清洁，置规定处存放			□ 已清洁，并置规定处存放	
清场人		复核人		清场日期	年 月 日
接续	产品名称	规格		批号	

QA检查结果：

检查人：　　　　　　　　　　　　　　　　　　　　　　　年　月　日

备注：

（3）设备运行记录　见表6-6所示。

表6-6　设备运动记录表

设备名称：　　　　　　　　　　　　记录编号：

使用时间	使用人	用前情况	运行情况	用后保养情况	备注

（4）设备巡回养护记录　见表6-7所示。

表6-7　设备巡回养护记录

记录编号：

设备名称		规格型号	
维护保养内容			
更换材料	设备名称：　　　　　编号：		
维护保养后效果			

5. 状态标志样张　详见实训五。

6. 本岗位工艺质量控制点

表6-8　配料、提取、浓缩工艺质量控制

工序	质量控制点	质量控制项目	频次
配料	称量	核对物料标志、合格证数量与品种的复核	每批
提取	煎煮	溶剂、加入量、煎煮温度、时间、次数、药液数量与性状	每批
浓缩	常压浓缩	温度、时间、药液数量、澄明度、性状	随时/每批

7. 提取溶媒的分类　提取溶媒的分类、提取辅助剂的作用和分类、提取过程中的影响因素参见《中药制剂》教材。

8. 提取操作时应注意的事项　水的使用量、煎煮前冷浸的时间、提取的时间和次数及提取的温度，请参见《中药制剂》教材。

9. 多功能提取罐清洁规程

（1）同一品种换批号清洗

① 切断总电源，放净药渣。

② 关闭底部出料阀，从进料口通入2/3容积的饮用水。

③ 启动搅拌轴，加热至60~70℃，30分钟后停止搅拌，放出清洗液，然后用高压水枪从入孔对筒体内壁和搅拌轴进行冲洗。

④ 用纯化水冲洗一遍设备内壁。

（2）换品种清洗

①切断总电源，放净药渣，打开多功能提取罐入口盖。

②关闭底部出料阀，从进料口通入2/3容积的饮用水，并从入口投入烧碱，配制成5%的烧碱溶液，夹套内通热水进行加热，关闭入口，同时启动搅拌轴，烧碱溶液加热至60~70℃，30分钟后停止搅拌，静置片刻，放净碱液。

③关闭底部出料阀，从进料口通入2/3容积的饮用水，启动搅拌轴，搅拌5分钟后放净饮用水。

④用高压水枪从入口对筒体内壁和搅拌轴进行冲洗至洗出水呈中性。

⑤用纯化水冲洗一遍设备内壁。

⑥目检，不得有可见的残留药物或痕迹。

⑦用丝光巾、饮用水擦净多功能提取罐筒体外表面、入口把手、转轴处，接管各部。

⑧挂上清洁状态标志并填写记录。

10. 物料输送管道清洗规程

（1）同一品种换批号清洗　用泵将罐体中事先煮沸的饮用水冲洗至无色，然后将罐体中煮沸的纯化水冲洗至少2分钟（纯化水须通过整个管道）。

（2）换品种清洗

① 事先在物料罐中配好约2/3容积的5%的烧碱溶液，加热至60~70℃，用泵打过整个管道。

② 用泵将事先煮沸的饮用水打入管道冲洗至出水口呈中性，然后将罐体中煮沸的纯化水打入冲洗至少2分钟（纯化水须通过整个管道）。

③ 挂上清洁状态标志并填写记录。

11. 设备、管道状态标志管理

（1）所有使用设备都应有统一编号，要将编号标在设备主体上，每一台设备都要设专人管理，责任到人。

（2）完好、能正常运行的设备生产结束清场清洁后每台设备都应挂状态标志牌（表6-9），通常有以下几种情况。

表6-9　设备状态标志牌

设备状态	已清洁	待清洗	维修中	待维修	停用	完好
颜色	绿色	黄色	黄色	黄色	红色	绿色

①运行中　设备开动时挂上运行中标志，正在进行生产操作的设备，应正确标明加工物料的品名、批号、数量、生产日期、操作人等。

②维修中　正在修理中的设备，应标明维修的起始时间、维修负责人。

③已清洗　已清洗洁净的设备，有效期内随时可用（有效期一般3天），应标明清洗的日期。

④待清洗　尚未进行清洗的设备，应用明显符号显示，以免误用。

⑤停用　因生产结构改变或其他原因暂时不用的设备。如长期不用，应移出生产区。

⑥待修　设备出现故障。

（3）各种管路管线除按规定涂色外，应有标明介质流向的箭头“→”显示及流向地点，料液的名称等，不锈钢管道不涂色。

（4）已清洗消毒的设备应标明消毒时间和使用期限，超过使用期限的，应重新消毒后再使用。

当设备状态改变时，要及时换牌，以防发生使用错误。

所有标牌应挂在不易脱落的部位。

12. 管道涂色的管规定

（1）固定管道或按《医药工业设备及管路涂色的管理》喷涂不同的颜色，与设备连接的主要管道应标明管内物料名称及流向。管道安装应整齐、有序。

（2）管道的颜色见表6-10所示。

表6-10　管道颜色

管道内容物	物料	蒸汽	水	其他液体	真空	空气或氧气	易燃液体、矿物油	酸	碱
颜色	大黄色	红色	绿色	黑色	白色	浅蓝色	棕色	紫色	粉红色

（3）洁净室管道不可涂色，但须注明内容物及流向，流向以箭头“→”表示。

13. 压力容器管理

（1）凡最高工作压力大于或等于0.1MPa的容器为受压容器。

（2）压力容器的管理应严格执行国家劳动部门颁发的“压力容器安全监察规程”及国家有关容器安全技术规定、条例和制度。

（3）使用压力容器时，应向当地劳动部门登记，取得使用证后，才能投入运行。

（4）配备专职技术人员，加强安全技术和使用管理。

（5）实行定期检查鉴定制度，确保安全运行。

（6）对操作人员定期进行安全技术培训和考核工作，取得当地劳动部门的合格证，才能独立操作。

（7）操作人员必须严格按规定的操作压力温度进行工作，不得在超压、超温下生产。生产中严禁带压检修和用物敲打，新置和大修后的设备及容器要经检验试压才可使用，对压力温度、指标改变和结构材料更改，必须报工程部经批准后方可投产。

（8）管道、静置设备和容器，在试验前均应进行内部检查，检查是否清洁，附属装置是否齐全，法兰、接口、焊缝及衬垫是否符合要求，试验前不应进行防腐保温。

（9）应配备灵敏、准确、可靠的安全装置，并定期进行检测。

（10）对容器及其管线应进行定点、定时、定线的巡回检查，发现异常情况，应立即停机采取有效措施，并及时上报。

（11）已批报废的压力容器严禁继续使用，如改做不承压设备使用，须经主管部门批准。

【考核】

（一）题目

熟悉ZNTD-50型提取浓缩机组的用途、结构特征和原理，正确操作ZNTD-50型提取浓缩机。

（二）完成时间

60分钟。

（三）条件与要求

中药提取浓缩的基本设备（多功能提取罐、浓缩罐）、电子秤、甘草（中药材适量）。

（四）考核内容及评分表

评价包括两方面，总分为100分。其中，职业素养与操作规范占该项目总分的20%，作品质量占该项目总分的80%。职业素养与操作规范、作品两项均需合格，总成绩评定为合格。如表6-1所示。

表6-1　中药提取浓缩操作评分表

评价内容		分值	评分细则	实得分
职业素养与操作规范（20分）		10	穿工作服，不披发、化妆和佩戴首饰，得10分	
		10	保持工作环境干净、整洁，得10分	
作品（80分）	提取	40	正确称量净药材，复核，得2分；	
			检查提取罐的卫生，已清洁标志，得3分	
			打开提取罐投料口，投料，装饮用水至掩盖中药材，得5分	
			检查夹层盛水量，是否至观察孔中间，得3分	
			设置提取罐温度，打开提取加热，得5分	
			检查夹层压力，记录提取罐内温度，得5分	
			停止加热，收集药液，退药渣，得4分	
			清场，得3分	
			正确理解水煎煮、热回流、水蒸气蒸馏的适用范围和操作，得10分	
	浓缩	40	检查浓缩罐的卫生，已清洁标志，得3分	
			打开药液泵，将药液泵至浓缩罐，得3分	
			检查夹层盛水量，是否至观察孔中间，得3分	
			打开冷凝水开关，得3分	
			设置浓缩温度，打开浓缩加热，得5分	
			检查夹层压力，记录浓缩罐内的温度，得4分	
			停止加热，检查浸膏的密度，得3分	
			收集浸膏，得3分	
			清场，得3分	
			能进行减压浓缩操作，得10分	

【相关知识】

中药制剂的质量与中药材和中药饮片的质量、中药材前处理和中药提取工艺密切相关。应当对中药材和中药饮片的质量以及中药材前处理、中药提取工艺严格控制。在中药材前处理以及中药提取、储存和运输过程中，应当采取措施控制微生物污染，防止变质。

中药提取、浓缩等厂房应当与其生产工艺要求相适应，有良好的排风、水蒸气控制及防止污染和交叉污染等设施。

中药提取、浓缩、收膏工序宜采用密闭系统进行操作，并在线进行清洁，以防止污染和交叉污染。采用密闭系统生产的，其操作环境可在非洁净区；采用敞口方式生产的，其操作环境应当与其制剂配制操作区的洁净度级别相适应。

中药提取后的废渣如需暂存、处理时，应当有专用区域。

浸膏的配料、粉碎、过筛、混合等操作，其洁净度级别应当与其制剂配制操作区的洁净度级别一致。中药饮片经粉碎、过筛、混合后直接入药的，上述操作的厂房应当能够密闭，有良好的通风、除尘等设施，人员、物料进出及生产操作应当参照洁净区管理。

中药注射剂浓配前的精制工序应当至少在D级洁净区内完成。

非创伤面外用中药制剂及其他特殊的中药制剂可在非洁净厂房内生产，但必须进行有效的控制与管理。

中药提取物外包装上至少应当标明品名、规格、批号、生产日期、储存条件、生产企业名称、质量合格标志。中药提取用溶剂需回收使用的，应当制定回收操作规程。回收后溶剂的再使用不得对产品造成交叉污染，不得对产品的质量和安全性有不利影响。

（熊星尧　胡文主）

实训七　颗粒剂的制备

【实训目的】

了解粉碎、混合、制粒、颗粒分装等颗粒剂生产设备的结构、组成、工作原理及注意事项；掌握制粒、颗粒分装等岗位操作法及操作SOP；了解制粒过程、颗粒分装过程中容易出现的质量问题及解决方法；掌握物料平衡计算及制粒岗位、颗粒分装岗位的QA职责。

【实训材料】

药用淀粉（适量）、药用糊精（适量）、纯化水（适量）、粉碎机、混合机、称量设备、总混机、药典筛、颗粒机、颗粒分装机、烘箱等设备及GMP配套设施。

【实训内容】

操作前先检查设备的状态，并用75%的乙醇对GF-20B型涡轮自冷式粉碎机、CH-10槽式混合机槽型混合机、YK60型颗粒机、颗粒分装机等设备内表面进行消毒；按照工艺规程设定槽型混合机的混合时间，按照制粒岗位的SOP进行操作。安装筛网，将制好的软材制成颗粒。设定烘箱温度，将制好的颗粒放入烘箱干燥，操作人员及时填写以上岗位的生产记录，组长做好现场质量监控记录；将干燥完成的颗粒，进行整粒总混，组长做好制粒岗位的物料平衡计算，混合均匀的干燥颗粒进入颗粒分装岗位，按照颗粒分装岗位的SOP进行操作，设定好各参数，进行颗粒分装。认真做好记录，并进行物料平衡的计算，按照岗位清洁操作规程清场，待检查合格后，退场。

颗粒剂的生产工艺流程，如图7-1所示。

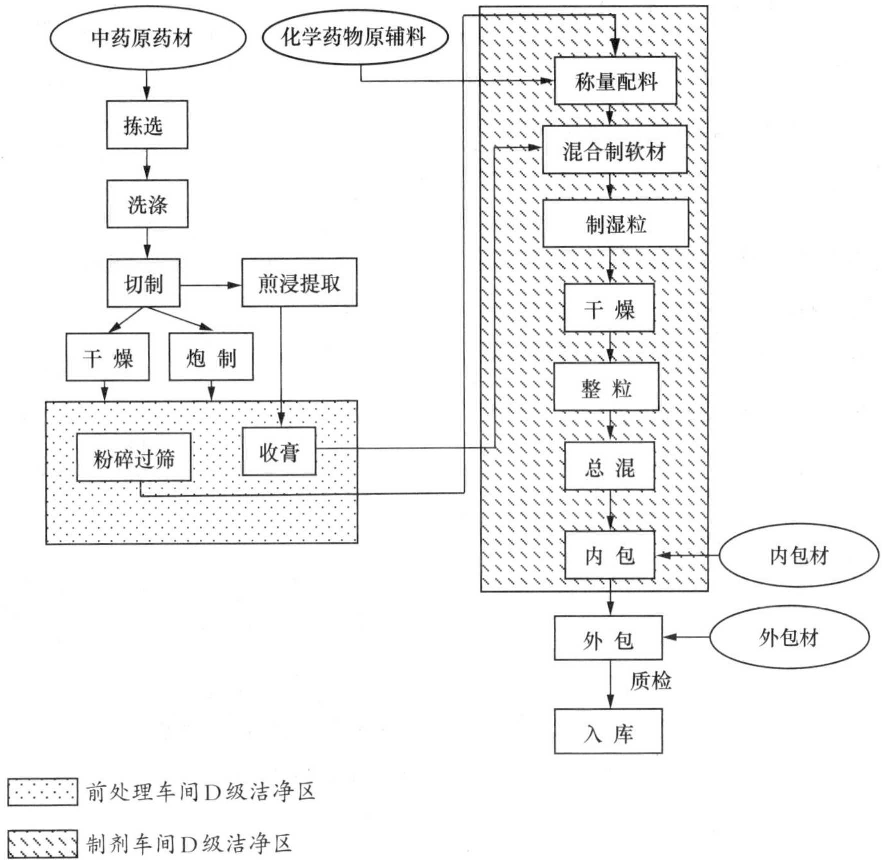

图7-1　颗粒剂的生产工艺流程

任务一　制颗粒

工作任务单

编号	岗位	工作任务
01	制颗粒	生产空白颗粒
02	制颗粒	本岗位设备的日常养护

实训指导老师引领

（一）备料

本任务的实验备料见实训五。

（二）生产过程

1. 原材料的处理 参见实训五。

2. 称量配料 见实训五。

3. 制颗粒 按岗位标准操作规程操作。

1）操作前的检查准备工作

①检查生产场地，摇摆式颗粒机、槽式混合机，热风循环烘箱的清洁情况，查看是否有上批清场合格证，确认无上次遗留物。

②检查生产现场环境温度、湿度、压差是否符合要求。

③检查设备的零件是否齐全，尼龙筛网是否完好。设备上的状态标志牌是否为“完好”。

④接收当天班次生产所需的各项生产文件，并检查文件是否齐全。

⑤将清场合格证、已清场状态卡贴于操作记录指定的位置。

⑥以上各项操作合格后，领取QA签发的“准产证”，贴于操作记录指定的位置。

⑦仔细阅读生产指令及工艺指令，到中间站领取合格的物料，并核对好品名、批号、数量，在中间产品交接单上签字。

⑧从生产用具存放处领取当天生产所需的用具，从容器存放室领取当班生产所需的洁净不锈钢桶。

⑨根据指令，填写好生产状态卡，取下清洁状态卡，设备完好卡，将生产状态卡卡在操作室门上。

2）操作过程

①配制润湿剂，按《乙醇配制标准操作规程》配制。

②检查槽型混合机的清洁情况，揭开盖子，检查料槽内表面及搅拌桨清洁、无异物后，用75%乙醇将料槽内表面及搅拌桨、盖子进行擦拭消毒。

③插上电源插座，设置搅拌时间为2分钟，按下绿色“搅拌”按钮，空机运作是否正常，2分钟后，设备自动停止。

④将从物料存放室领取的原辅料，置槽型混合机内，盖好盖子，开启设备，先预

混合两分钟，打开盖子，将配置好的乙醇适量缓缓加入槽型混合机内，盖好盖子，搅拌10~15分钟。揭开盖子，看软材是否搅拌均匀，软硬是否适中。

⑤关机，按“料槽下翻”红色按钮，将料槽下翻至适当位置，用不锈钢瓢把软材置摇摆式颗粒机中制粒。

⑥用75%的乙醇将料仓内表面，滚轴、筛网及下料口处进行擦拭消毒。

⑦装筛网、将所需目数的不锈钢筛网或尼龙筛网插入网夹左右旋紧，并用压紧螺栓固定好。

⑧打开皮带盘盖，用手盘动皮带，作一次空运转，应无异常摩擦声。插上插头，打开动力总电源总开关，开动电机，空车运行时无明显振动。

⑨将制好的软材置摇摆式颗粒机中制粒，按工艺选择好尼龙筛网目数，将制好的颗粒用不锈钢盘内（注意每盘不能过厚），置烘箱层板上。操作时注意颗粒粗细。

⑩检查烘箱的电线是否接好。仔细检查烘箱电气控制箱中所有的保险丝和电路是否有短路，检查轴流风机的转向是否与电机的转向标牌一致。排湿阀、烘箱排湿手柄开关是否正常。

⑪设定加热温度及报警温度，报警温度大于设定温度。打开循环风机开关。加热切换至自动状态。

⑫将物料盘放至烘箱内，将湿颗粒进行干燥，按工艺控制好干燥温度、时间。

⑬用振荡筛整粒，量小可以用手摇筛整粒。

3）生产结束

①将整好的颗粒置洁净容器内，盖好盖子，进入总混岗位。

②在生产中有异常情况应及时汇报。及时填写好批生产记录。

③将设备内的尾料收集并称重后送尾料存放室。

④清洁设备；将摇摆式颗粒机筛网用完后拆下，拿到清洗室用饮用水清洗干净，目视无上次生产残留物（特别是不易清洗部位），再用纯化水清洗2次，用75%乙醇擦拭消毒。机器外表面先用饮用水擦洗两次，目视无上次生产残留物，再用纯水擦拭两次，用75%乙醇擦拭消毒。槽式混合机，先用饮用水清洗后，再用纯化水清洗两次，用75%乙醇擦拭消毒。烘车、烘盘推至清洗室先用饮用水清洗后，再用纯化水清洗两次，用75%乙醇擦拭消毒。

⑤清洁生产场地，将生产操作室墙壁、天花板、灯具、门、窗等清洁干净（并应定期消毒）。

⑥填写好生产记录及清场记录。

⑦整理好记录，将过时的记录清离岗位，将已清场状态标志挂在操作室门上。

注意：①槽式混合机：设备运行过程中，不得将手或其他硬物靠近搅拌浆。否则造成人员伤亡事故，也可造成设备超负荷引起电机烧损。②摇摆式颗粒机：设备运行前，检查六棱滚轴固定螺丝是否紧固。如果松动，应用扳手旋紧，以免损坏设备。

（三）设备的日常维护

1.槽式混合机日常养护

（1）检查电路及维护　接通电源后，用试电笔检查各电路是否漏电，仔细检查接地装置，接地装置是否损坏，器件、电机是否单向运转。如有故障，由电器技师排除。

（2）检查润滑油及维护　主轴减速箱的视窗油标≥50%，主轴减速箱使用油料为机械油N32，各润滑点进出班各加油一次。

（3）检查易损件及维护　进出班前检查所有的坚固件、轴承、密封圈，如有松动、间隙加大、设备磨损加快、泄露等现象，由技师进行维修、更换。下班前对设备进行卫生处理。

（4）记录　以上各点出班时都应记录备案，以利查找问题。

2.摇摆式颗粒机日常养护

（1）检查电路及维护　接通电源后，用试电笔检查各电路是否漏电，仔细检查接地装置，接地装置是否损坏，器件、电机是否单向运转。如有故障，由电器技师排除。

（2）检查润滑油及维护　主轴减速箱的视窗油标≥50%，主轴减速箱使用油料为机械油N32，各润滑点进出班各加油一次。

（3）检查易损件及维护　进出班前检查所有的坚固件、轴承、密封圈，如有松动、间隙加大、设备磨损加快、泄露等现象，由技师进行维修、更换。下班前对设备进行卫生处理。

（4）记录　以上各点出班时都应记录备案，以利查找问题。

学生练习

（一）备料

1.填写批生产指令　见表7-1所示。

表7-1　生产指令

记录编码：

<table>
<tr><td>产品名称</td><td colspan="2">空白颗粒</td><td colspan="2">理论产量</td><td></td><td>批号</td><td></td></tr>
<tr><td>规格</td><td colspan="2"></td><td colspan="2">生产日期</td><td></td><td>指令生效日期</td><td></td></tr>
<tr><td>填写依据</td><td colspan="5"></td><td colspan="2"></td></tr>
<tr><td>填单人</td><td colspan="4"></td><td>复核人</td><td colspan="2"></td></tr>
<tr><td>生产部</td><td colspan="5"></td><td>日期</td><td></td></tr>
<tr><td>质量保证部</td><td colspan="5"></td><td>日期</td><td></td></tr>
<tr><td>物料编号</td><td>物料名称</td><td>单位</td><td>数量</td><td>物料编码</td><td>物料名称</td><td>单位</td><td>数量</td></tr>
<tr><td></td><td></td><td></td><td></td><td></td><td></td><td></td><td></td></tr>
<tr><td></td><td></td><td></td><td></td><td></td><td></td><td></td><td></td></tr>
<tr><td colspan="8">备注：</td></tr>
</table>

2.填写领料单，并领料　领料单见表7-2。

表7-2　领料单

记录编码：　　　　　　　　　　年　月　日

<table>
<tr><td colspan="2">领料单位</td><td colspan="2"></td><td colspan="2">产品批号</td><td colspan="2"></td><td>规格</td><td></td></tr>
<tr><td colspan="2">批量</td><td colspan="2"></td><td colspan="2">需料日期</td><td colspan="4"></td></tr>
<tr><td colspan="2">生产部</td><td colspan="2"></td><td colspan="2">仓储部</td><td colspan="4"></td></tr>
<tr><td colspan="4">需料</td><td colspan="6">送料</td></tr>
<tr><td>编码</td><td>半成品物料名称</td><td>单位</td><td>数量</td><td>编码</td><td>物料名称</td><td>单位</td><td>数量</td><td>批号</td><td>检验单号</td></tr>
<tr><td></td><td></td><td></td><td></td><td></td><td></td><td></td><td></td><td></td><td></td></tr>
</table>

（二）生产操作

原辅料称量记录表见表7-3所示。

原辅料称量记录表

记录编码：

<table>
<tr><td>产品名称</td><td>空白颗粒</td><td>批 号</td><td></td><td>规 格</td><td>3g/袋</td></tr>
<tr><td>温 湿 度</td><td>____℃、____%</td><td>计量校准有效期至</td><td></td><td>称量前校正人</td><td></td></tr>
<tr><td>称量前环境检查</td><td>合　格　□
不合格　□</td><td>称量后清场</td><td>合　格　□
不合格　□</td><td>QA签字</td><td></td></tr>
</table>

续表

物料名称	物料编号	生产企业	批 号	重 量	称量人	复核人	备注
淀粉							
糊精							

（三）操作过程

1. 操作槽式混合机，制软材。
2. 操作摇摆式颗粒机制湿颗粒。
3. 操作热风循环烘箱干燥。
4. 操作摇摆式颗粒机整粒。
5. 设备的日常维护。
6. 填写工作记录。

（1）制空白颗粒记录 见表7-4。

表7-4 空白颗粒记录表

记录编码：

<table>
<tr><td>品名及规格</td><td>空白颗粒</td><td>批号</td><td></td><td>计划产量</td><td>袋</td></tr>
<tr><td colspan="2">混合设备：</td><td>编号：</td><td colspan="2">制粒设备：</td><td>编号：</td></tr>
<tr><td colspan="2">干燥设备名称：</td><td colspan="2">编号：</td><td>生产日期</td><td>年 月 日</td></tr>
<tr><td colspan="3">操作指令</td><td colspan="3">操作记录</td></tr>
<tr><td colspan="3">A. 复查清场情况，检查有无“清场合格证”，将“已清场”标志牌和“清场合格证”贴于记录规定位置</td><td colspan="3">□ 复核清场情况，符合要求
□ 有“清场合格证”
□ 已贴好</td></tr>
<tr><td colspan="3">B. 检查除尘机是否开启，观察操作室的温湿度和压差。确保温湿度符合该产品的工艺要求，室内相对工艺走廊为负压</td><td colspan="3">□ 除尘机已开启
温度____℃；相对湿度____%；压差____Pa</td></tr>
<tr><td colspan="3">C. 检查设备状态标志牌，装好设备各部件，调试设备运转情况</td><td colspan="3">□ 混合、制粒和干燥设备有“完好”标志
□ 装好设备试机均正常</td></tr>
<tr><td colspan="3" rowspan="2">D. 领取生产用容器、用具</td><td colspan="3">□ 已领取</td></tr>
<tr><td colspan="3">A、B、C、D项操作人：</td></tr>
<tr><td colspan="3" rowspan="6">E. 按批生产指令领取生产用原辅料，并复核每件物料的品名、批号、数量，并将每件物料的标签贴于记录规定位置，在原辅料收发台账领料人项签字</td><td colspan="3">□ 已领取，并在收发记录上签字
□ 已核对
□ 物料标签已贴好</td></tr>
<tr><td>物料名称</td><td>批号</td><td>总净重（g）</td></tr>
<tr><td>淀粉</td><td></td><td></td></tr>
<tr><td>糊精</td><td></td><td></td></tr>
<tr><td></td><td></td><td></td></tr>
<tr><td colspan="2">领料人：</td><td>发料人：</td></tr>
</table>

续表

<table>
<tr><td>F. 填写“生产状态”标志，并挂牌</td><td colspan="2">□ 已填写
□ 已挂牌于操作室门口</td></tr>
<tr><td>G. 配制湿润剂（如果为纯化水，可以直接使用）</td><td colspan="2">□ 加纯化水____ml入量筒
□ 取乙醇____ml入量筒
浆制得量____ml，计算浓度为____%</td></tr>
<tr><td>H. 制软材、制湿颗粒
要求：①制软材。②根据工艺规程要求的干混时间和制粒时间进行干混和混合制软材。干混时间为5分钟，制软材时间为15分钟。③根据工艺规程要求制湿颗粒的筛网目数为16目</td><td colspan="2">□ 将辅料加入槽式混合机进行预混合
□ 将需要量的润湿剂加入制粒锅进行混合制软材（慢慢撒入）
□ 操作完毕，将软材置摇摆式颗粒机内制湿颗粒
□ 湿颗粒用不锈钢烘盘接好
□ 按上述步骤将颗粒制备完毕
F、G、H项操作人：　　　　复核人：</td></tr>
<tr><td rowspan="10">I. 对湿颗粒进行干燥。
要求：①按工艺要求设定干燥温度为70±10℃；②用蒸汽烘箱干燥时要按工艺要求进行翻盘，每2小时翻1次</td><td>物料名称</td><td>重量</td></tr>
<tr><td>淀粉</td><td></td></tr>
<tr><td>糊精</td><td></td></tr>
<tr><td>湿润剂</td><td></td></tr>
<tr><td>干混时间（分钟）</td><td></td></tr>
<tr><td>制软材时间（分钟）</td><td></td></tr>
<tr><td>制湿颗粒筛网目数</td><td>目</td></tr>
<tr><td>湿颗粒共收盘数：　（盘）</td><td></td></tr>
<tr><td colspan="2">操作人：　　　　复核人：</td></tr>
<tr><td colspan="2">□ 将湿颗粒全部铺盘进箱
□ 设定干燥温度为____℃
□ 开启热风、排湿、鼓风键进行干燥
干燥开始时间____　　结束时间____
翻盘频次____小时/次　　共翻____次</td></tr>
<tr><td>J. 按要求清场，将掉于地面的可见损耗颗粒收集称量并记录</td><td colspan="2">□ 已清场，清场情况见清场记录
□ 收集可见损耗颗粒共____kg
称量人：</td></tr>
<tr><td rowspan="2">K. 物料平衡的计算（要求90%~110%）</td><td colspan="2">$$物料平衡=\frac{干燥后颗粒重量+可收集损耗量}{总投料量}\times 100\%$$</td></tr>
<tr><td colspan="2">合格　　□
不合格　□，分析原因：</td></tr>
<tr><td>L. QA对制粒干燥过程的监控</td><td colspan="2">监控情况、结果及发放意见：

QA：　　　年　月　日</td></tr>
</table>

（2）清场记录　见表7-5。

表7-5　混合、制粒、干燥岗位清场记录

记录编码：

清场前	品名及规格		批号	
	工房		生产日期	年　月　日
清场项目	清场要求		清场结果	
物料	将干颗粒送总混岗位，剩余物料退料		□已送至总混岗位　□已退料	
废弃物	清离现场，置规定地点		□已清离，置规定处	
文件记录	与续产相关的文件记录整理置工作柜内，无关文件记录清离现场		□已按要求清理	
用具、容器	按其SOP清洁至清洁无异物，无物料残留物并挂状态标志牌		□已清洁，并置存放间存放 □挂“已清洁”标志牌	
电子秤	按其SOP清洗，标志符合状态要求		□已清洁	
工作场地	按《洁净室清洁SOP》清洁天棚、墙面、灯具、门窗、操作台、地面至无积尘、无积液，并挂状态标志牌		□已清洁，并挂“已清场”状态牌	
清洁工具	按其SOP清洁，置规定处存放		□已清洁，并置洁具在存放间存放	
清场人		复核人	清场日期	年　月　日
接　续	产品名称		规　　格	批　　号

QA检查结果：

检查人：　　　　年　月　日

（3）设备运行记录　见表7-6。

表7-6　设备运行记录表

设备名称：　　　　记录编码：

使用时间	使用人	用前情况	运行情况	用后保养情况	备　注

设备名称：　　　　记录编码：

使用时间	使用人	用前情况	运行情况	用后保养情况	备　注

设备名称：　　　　编号：

使用时间	使用人	用前情况	运行情况	用后保养情况	备　注

（4）设备巡回养护记录　见表7–7。

表7–7　设备巡回养护记录表

记录编码：

设备名称		规格型号	
维护保养内容			
更换材料	设备名称：	编号：	
维护保养后效果			
维修人员： 日期：			
使用部门人员： 日期：			

任务二　总混

工作任务单

编号	岗位	工作任务
01	总混	总混空白颗粒
02	总混	本岗位设备的日常养护

实训指导老师引领

1.操作前的检查准备工作

（1）检查生产场地，混合机的清洁情况，查看是否有上批清场合格证，确认无上次遗留物。

（2）检查生产现场环境温度、湿度、压差是否符合要求。

（3）检查设备上的状态标志牌是否为“完好”。

（4）接收当天班次生产所需的各项生产文件，并检查文件是否齐全。

（5）将清场合格证、已清场状态卡贴于操作记录指定的位置。

（6）以上各项操作合格后，领取QA签发的“准产证”，贴于操作记录指定的位置。

（7）仔细阅读生产指令及工艺指令，将颗粒岗位送来的颗粒核对好品名、批号、数量。

（8）从生产用具存放处领取当天生产所需的用具，从容器存放室领取当班生产所需的洁净不锈钢桶。

（9）根据指令，填写好生产状态卡，取下清洁状态卡，设备完好卡，将生产状态卡卡在操作室门上。

2.操作过程

（1）将三维混合机的混合桶用75%乙醇擦拭消毒。

（2）开机。将设备点动至投料口朝上的投料位置，停机。固紧出料口盖板。

（3）将干颗粒以及外加辅料人工装料（物料不能超过混合桶体积的2/3），完毕，固紧进料口盖板。

（4）设置总混的时间，转速，开机进行总混。

3.生产结束

（1）设备停止后，点动设备，使混合桶处于出料的位置。在出料口放好洁净的不锈钢桶，打开出料口盖板，将混合好的颗粒置洁净的不锈钢桶内。称重后，入中间站进行质量检查，并填写中间产品交接单。

（2）在生产中有异常情况应及时汇报。及时填写好“批生产记录表”。

（3）将设备内的尾料收集并称重后送尾料存放室。

（4）清洁设备。三维混合机应注入1/3体积的饮用水清洗两遍，第一遍转动5分钟，第二遍转动8分钟，将水放出，再注入1/3的体积的纯水清洗转动两遍，每遍转动3分钟，将水放出，自然晾干。

（5）清洁生产场地，将生产操作室墙壁、天花板、灯具、门、窗等清洁干净（并应定期消毒）。

（6）填写好生产记录及清场记录。

（7）整理好记录，将过时的记录清离岗位，将已清场状态标志挂在操作室门上。

注意：运行前要求设备操作人员离混料桶1m以外，以免被运动中的混料桶撞伤。

4.三维混合机日常养护

（1）检查电路及维护　接通电源后，用试电笔检查各电路是否漏电，仔细检查接地装置，接地装置是否损坏，器件、电机是否单向运转。如有故障，由电器技师排除。

（2）检查润滑油及维护　主轴减速箱的视窗油标≥50%，各润滑点、进出班由学生用机油枪、黄油枪添加，见表7-8所示。

表7-8　润滑操作要求

润滑部位	油料名称	型号	备注
润滑点	钙基润滑脂	ZG-3	每班各处理一次
主轴减速箱	机械油	N32	每班各处理一次

（3）检查易损件及维护　进出班前检查所有的坚固件、轴承、密封圈，如有松动、间隙加大、设备磨损加快、泄露等现象，由技师进行维修、更换。下班前对设备进行卫生处理。

（4）记录　以上各点出班时都应记录备案，以利查找问题。

学生练习

1.将干颗粒按要求进行总混3分钟，设置转数50r/min。

2.设备的日常维护。

3.按要求清场。

4.填写工作记录。

（1）总混生产记录　见表7–9。

表7–9　总混生产记录表

记录编码：

<table>
<tr><td colspan="2">品名及规格</td><td></td><td>批号</td><td></td><td>计划产量</td><td>袋</td></tr>
<tr><td rowspan="2">总混
设备</td><td>名称</td><td colspan="5"></td></tr>
<tr><td>编号</td><td colspan="5"></td></tr>
<tr><td colspan="2">工房</td><td colspan="2"></td><td>生产日期</td><td colspan="2">年　月　日</td></tr>
</table>

<table>
<tr><th>操作指令</th><th>操作记录</th></tr>
<tr><td>A. 复核清场情况，检查有无“清场合格证”，将“已清场”标志牌和“清场合格证”贴于记录规定位置</td><td>□ 复核清场情况，符合要求
□ 有“清场合格证”
□ 已贴好</td></tr>
<tr><td>B. 检查操作室的温湿度和压强，温湿度符合该产品的工艺要求，室内相对工艺走廊为负压</td><td>温度____℃；相对湿度____%；压强____Pa</td></tr>
<tr><td>C. 检查设备状态标志，安装好设备零部件并试机</td><td>□ 设备有“完好”标志
□ 装好设备，试机正常</td></tr>
<tr><td rowspan="2">D. 领取洁净用具、容器</td><td>□ 已领取</td></tr>
<tr><td>A、B、C、D项操作人：</td></tr>
<tr><td>E. 领取生产用辅料，并复核每件物料的品名、批号、数量，将每件的物料标签贴于记录规定位置，并在原辅料收发台账上签字</td><td>□ 已领取并核对　　□ 物料标签已贴好
<table><tr><th>物料名称</th><th>批号</th><th>件数</th><th>总净重（kg）</th></tr><tr><td></td><td></td><td></td><td></td></tr><tr><td></td><td></td><td></td><td></td></tr><tr><td></td><td></td><td></td><td></td></tr></table>领料人：　　　　　　　　发料人：</td></tr>
<tr><td>F. 领取QA签发的“准产证”并贴于记录规定位置</td><td>□ 已领取，并贴好</td></tr>
<tr><td>G. 填写“生产状态”标志，并挂牌</td><td>□ 已填写状态标志，已挂牌于操作室门口
F~G项操作人：</td></tr>
</table>

续表

<table>
<tr><td>H. 将整好的颗粒及辅料和头尾料加入总混机，按工艺规定的转速和混合时间总混，总混转速为6r/min，总混时间为15分钟
总混结束，用洁净周转桶接收混好的颗粒，每桶填写一张物料标签，写明品名、批号、规格、生产者和生产日期并挂牌于桶上</td><td>□ 整好的颗粒全加入混合筒
□ 辅料和头尾料已加入混合筒
□ 设定总混机转速：________r/min
□ 开机总混：________分钟
□ 已接收好颗粒，共________桶
□ 已填写物料标签，并挂牌于桶上
操作人：　　　　　　复核人：</td></tr>
<tr><td>I. 将颗粒运送中间站，与中间站管理员共同称量每桶重量，并将重量填写于物料标签上，完成“中间产品交接单”的填写，将交接单贴于记录规定位置</td><td>□ 已移送中间站，已称量，并填写好物料标签<table><tr><td>桶号</td><td></td><td></td><td></td><td></td></tr><tr><td>毛重（g）</td><td></td><td></td><td></td><td></td></tr><tr><td>皮重（g）</td><td></td><td></td><td></td><td></td></tr><tr><td>净重（g）</td><td></td><td></td><td></td><td></td></tr></table>共________桶　　　　　净重共________g
交料人：________　　　　接收人：________
□ 交接单已填写好
□ 贴在规定位置</td></tr>
<tr><td>J. 按要求清场，将清理收集到的可见损耗颗粒称量</td><td>SOP编码为：
□ 已清场（见清场记录）
可见损耗颗粒为____kg　　　称量人：________</td></tr>
<tr><td>K. QA对整粒总混过程的监控</td><td>监控情况，结果及发放意见：

QA：　　　　　　　　年　月　日</td></tr>
</table>

（2）清场记录　见表7–10。

表7–10　总混岗位清场记录

记录编码：

<table>
<tr><td rowspan="2">清场前</td><td>品名及规格</td><td></td><td>批号</td><td></td></tr>
<tr><td>工房</td><td></td><td>生产日期</td><td>年　月　日</td></tr>
<tr><td>清场项目</td><td colspan="2">清场要求</td><td colspan="2">清场结果</td></tr>
<tr><td>物料</td><td colspan="2">将总混好的颗粒入中间站，剩余物料退料</td><td colspan="2">□ 已入中间站　□ 已退料</td></tr>
<tr><td>废弃物</td><td colspan="2">清离现场，置规定地点</td><td colspan="2">□ 已清离，置规定处</td></tr>
<tr><td>文件记录</td><td colspan="2">与续生产相关的文件记录整理置于工作柜内，无关文件记录清离现场</td><td colspan="2">□ 已按要求清理</td></tr>
<tr><td>用具、容器</td><td colspan="2">按SOP清洁至无异物，无物料残留物并挂状态标志牌</td><td colspan="2">□ 已清洁，并置于存放间
□ 挂“已清洁”标志牌</td></tr>
<tr><td>电子秤</td><td colspan="2">按其SOP清洗，标志符合状态要求</td><td colspan="2">□ 已清洁</td></tr>
<tr><td>工作场地</td><td colspan="2">按《洁净室清洁SOP》清洁天棚、墙面、灯具、门窗、操作台、地面至无积尘、无积液，并挂状态标志牌</td><td colspan="2">□ 已清洁，并挂“已清场”状态牌</td></tr>
<tr><td>清洁工具</td><td colspan="2">按SOP清洁，置规定处存放</td><td colspan="2">□ 已清洁，并置于洁具存放间</td></tr>
</table>

续表

清场人		复核人		清场日期	年　月　日
接续	产品名称			规格	批号

QA检查结果：

检查人：　　　　　　　　　　　　　　　　　　年　月　日

（3）设备运行记录　见表7-11。

表7-11　设备运行记录表

设备名称：　　　　　　　　　　　　　　　　记录编码：

使用时间	使用人	用前情况	运行情况	用后保养情况	备　注

设备名称：　　　　　　　　　　　　　　　　记录编码：

使用时间	使用人	用前情况	运行情况	用后保养情况	备　注

设备名称：　　　　　　　　　　　　　　　　记录编码：

使用时间	使用人	用前情况	运行情况	用后保养情况	备　注

（4）设备巡回养护记录　见表7-12。

表7-12　设备巡回养护记录表

记录编码：

设备名称		规格型号	
维护保养内容			
更换材料	设备名称：	编号：	
维护保养后效果			
维修人员：		日期：	
使用部门人员：		日期：	

任务三　颗粒包装

工作任务单

编号	岗位	工作任务
01	内包装	颗粒内包装
02	外包装	将内包装好的颗粒进行外包装
03	包装	本岗位设备的日常养护

实训指导老师引领

1.备料

（1）下达生产指令　由生产部工艺员根据检验合格的颗粒，按照工艺规程填写批包装指令，经车间主任或技术主管复核后经生产部门负责人及质量管理部门负责人审核批准。

（2）领料　详见实训五。

2.生产过程操作前的检查准备工作

（1）检查生产场地，颗粒包装机的清洁情况，查看是否上批清场合格证，确认无上次遗留物。

（2）检查生产现场环境温度、湿度、压差是否符合要求。

（3）检查设备上的状态标志牌是否为“完好”。

（4）接收当天班次生产所需的各项生产文件，并检查文件是否齐全。

（5）将清场合格证、已清场状态卡贴于操作记录指定的位置。

（6）以上各项操作合格后，领取QA签发的“准产证”，贴于操作记录指定的位置。

（7）仔细阅读包装指令及工艺指令，到中间站领取合格颗粒并核对好品名、批号、数量，以及是否有合格检验报告书，填写中间产品交接单。到内包材存放室领取包装材料，并核对品名、规格、数量以及质量情况，检查有无合格检验报告书，并填写包装材料收发记录。

（8）从生产用具存放处领取当天生产所需的用具，从容器存放室领取当班生产所需的洁净不锈钢桶。

（9）根据指令，填写好生产状态卡，取下清洁状态卡，设备完好卡，将生产状态卡卡在操作室门上。

3.操作过程

（1）接通电源开关，开启设备空机运行，检查设备是否有完好标示牌。

（2）用75%的乙醇将盛料盘、下料斗擦拭消毒。

（3）安装塑料薄膜。将塑膜套在架纸轴上，两端用夹紧套顶紧后并用顶丝锁紧，然后将塑膜穿过夹棍、感应器，穿进下料斗，并用塑膜将成形器包起后压进送膜滚轮中间，将送膜滚轮手柄打下，压紧塑膜。

（4）升温加热。调节好纵封、横封的温度，依次开启电源总阀，加热器，计数器、振动器、行程器开关，纵封器、横封器开始升温加热。

（5）包空袋。当纵封器、横封器显示的温度与设置的温度相当时，按下绿色的点动按钮包空袋，检查热封处是否封牢。

（6）充料包装。将送料离合器手柄合上，按下绿色按钮，进行充料包装将合格的颗粒进行包装，包装时注意每袋的重量，热封是否合格，剪切的位置是否正确。

（7）按下红色按钮停机、依次关闭加热器，计数器、振动器、行程器开关，切断电源。

（8）将包装好的半成品通过传递窗送入外包装岗位，进行外包装。

（9）根据批包装指令指示的批号及生产日期以及产品的有效期确定有效期至的年月，用打码机将小盒打印上生产批号、有效期及生产日期，用印轮将大纸箱印上生产批号、有效期及生产日期。

（10）按批包装指令进行外包。将内包室传递来的半成品和产品说明书按包装规格装入小盒，按装箱规格装入大纸箱。

4.生产结束

（1）将尾料称重后入头尾料存放室。

（2）清点内包材，将剩余的内包材送入内包材室，并填写包装材料收发记录。

（3）清洁设备。将机器上的模具逐件拆下，拿到清洗室先用饮用水清洗干净，目测无上次残留物，特别是不易清洁的部位，用纯化水清洗2遍。将机器操作台外表面先用饮用水润湿的抹布擦拭两遍，目视无上次残留物，特别要注意不易清洁的部位，最后用纯化水润湿的抹布擦拭两遍。最后用75%乙醇擦拭一遍后，放在清洁工具架上晾干，若该模具不使用，晾干应及时擦好油放入模具盒中，存放于模具室。

（4）装箱好的成品寄库，待成品检验合格后办理入库手续。

（5）清点外包材，将剩余的外包材送入内包材室，并填写包装材料收发记录。

（6）清洁生产场地，将生产操作室墙壁、天花板、灯具、门、窗等清洁干净（并应定期消毒）。

（7）填写好生产记录及清场记录。

（8）整理好记录，将过时的记录清离岗位，将已清场状态标志挂在操作室门上。

注意：严禁停机变速。停机时应使两个热封臂分开，避免硅胶老化，以延长其使用寿命。

5.颗粒包装机的日常维护

（1）检查电路及维护　接通电源后，用试电笔检查各电路是否漏电，仔细检查接地装置，接地装置是否损坏，器件、电机是否单向运转，如有故障由电器技师排除。

注意：纵向、横向加热器有串联与并联之分，由于电阻值不同，通过的电压、电流值是不同的，所以在连接时一定注意不要搞错，否则，很容易烧坏电器，引起短路事故。

（2）检查油路、润滑油及维护　检查主机蜗轮蜗杆减速箱，油位视窗油标≥50%。如未达到需添加有关油料。各润滑点、进出班由学生用机油枪、黄油枪添加。

注意：纵向、横向加热器的运动部位的润滑点要做到2小时加油一次，否则很容易损坏部件，运动部分速度变慢，直接影响产品质量。

（3）转盘量杯的调整　在试包过程中，实际上是通过调整转盘量杯来实现的，量杯与微螺杆是一付凸轮机构，在调整时注意量杯的塑料门不宜过紧，这样转盘底部、塑料门加快磨损。

（4）纵向、横向、中心位置的调整　下料口中心位置一定要对正加热器中心位置，才能正确包装。当位置不正确时，需用纵向、横向加热器四杆机构的螺杆把加热器中心位置调到下料口中心位置，然后锁紧螺杆即可。

（5）检查易损件及维护　进出班前检查所有的坚固件、轴承、密封圈，如有松动、间隙加大、设备磨损加快、泄露等现象，由技师进行维修、更换。下班前对设备进行卫生处理。

（6）记录　以上各点出班时都应记录备案，以利查找问题。

学生练习

（一）备料

1.填写批包装指令　见表7-13。

表7-13　批包装指令

记录编码：

产品名称		批号		规格	
包装规格		半成品数量（g）		理论产量（袋）	
生产日期				指令生效日期	
填写依据					
填单人			复核人		
生产部				日期	
质量保证部				日期	

物料编号	物料名称	单位	数量	物料编码	物料名称	单位	数量

2. 填写领料单，并领料 领料单见表7-14。

表7-14 领料单

记录编号： 年 月 日

领料单位				产品批号				规格	
批量				需料日期					
生产部				仓储部					
需料				送料					
编码	物料名称	单位	数量	编码	物料名称	单位	数量	批号	检验单号
领料人		发料人			送料人			收料人	

（二）生产过程

1. 操作颗粒包装机，颗粒包装。
2. 外包装。
3. 设备的日常维护。
4. 按要求清场。
5. 填写工作记录。

（1）内包装岗位操作记录 见表7-15。

表7-15 内包装岗位操作记录

记录编码：

品名		规格		批号		批量	
操作时间				房间号			

生产指令	操作记录
A. 检查生产现场是否符合工艺要求，是否有QA签字的清场合格证，将清场合格证、已清场状态标志贴到贴放处	□符合 □不符合 □有清场合格证 □已贴
B. 检查生产现场环境是否合格	□合格 温度： 相对湿度： 压差：
C. 检查电子秤是否清洁、完好	□清洁 □完好
D. 检查当天生产的文件是否齐全	□齐全
E. 填写“生产状态牌”并挂在规定的位置	□已填 □已挂在内包门上

续表

F. 领取QA签发的“准产证”并贴于操作记录规定的位置	□已领取 □已贴好 A~F项操作人：								
G. 根据指令从中间站领取并复称核对合格的颗粒	□已领取 □已核对 操作人： 复核人：								
H. 根据指令从内包材室领取合格的塑膜，并检查是否有合格报告单	□领取 共领 个 报告单分析号码： 操作人：								
I. 按《内包装岗位标准操作规程》进行内包装，按工艺指令要求控制好装量差异、封口严密。	《内包装岗位操作标准操作规程》编码：								
	时间								
	装量								
	封口严密								
	操作人： 复核人：								
J. 将已包装的产品通过传递窗传至外包室	□已传递 传递人： 接收人：								
K. 按要求进行清场	□已清场（见清场记录表） 操作人： 复核人：								
L. QA对生产过程的监控	QA： 日期：								

（2）内包装岗位清场记录　见表7-16所示。

表7-16　清场记录表

记录编码：

清场前	产品名称		规格		批号		
清场项目	清场项目	操作要点			清场结果		
	物料	结料、剩余物料退料			□已结接 □已退料		
	中间产品	清点、送至规定地点放置、挂状态标志			□清点、送至规定地点放置 □已挂状态标志		
	废弃物	清离现场至规定地点			□已清离		
	工艺文件	与续生产无关的清离现场			□已清离		
	工具器具	抹布或拖把清洗干净、送至规定地点			□已清洁		
	容器	抹布、拖把清洗干净、送至规定地点			□已清洁		
	生产设备	设备见本色，标志符合状态要求			□已清洁 □挂“完好”标志牌		
	工作场地	清洗湿抹布或湿拖把干净，标志符合状态要求			□已清洁 □挂“已清场”标志牌		
	清洁工具	清洗干净，送至规定处干燥			□已清洁		
	剩余物料	物料名称	数量	去向		交料人	接料人
			剩余量	中间站	退库		
	清场人		班长				
接续	产品名称		规格		批号		
QA检查结果	检查人：				年　月　日		
备注							

（3）外包装岗位操作记录　见表7–17。

表7–17　外包装操作记录表

记录编码：

<table>
<tr><td>品名</td><td></td><td>规格</td><td></td><td>批号</td><td></td><td>批量</td><td></td></tr>
<tr><td colspan="4">操作时间</td><td>房间号</td><td colspan="3"></td></tr>
</table>

<table>
<tr><th>生产指令</th><th colspan="4">操作记录</th></tr>
<tr><td>A. 检查生产现场是否符合工艺要求，是否有QA签字的清场合格证，将清场合格证、已清场状态标志贴到贴放处</td><td colspan="4">□ 符合　□ 不符合
□ 有清场合格证　□ 已贴</td></tr>
<tr><td>B. 领取QA签发的“准产证”并贴于操作记录规定的位置</td><td colspan="4">□ 已领取　□ 已贴好</td></tr>
<tr><td>C. 热打码机是否清洁、完好，打码机的打印活字是否齐全。</td><td colspan="4">□ 清洁　□ 完好　□ 活字齐全
热打码机编码：</td></tr>
<tr><td>D. 检查当天生产的文件是否齐全</td><td colspan="4">□ 齐全</td></tr>
<tr><td>E. 填写“运行状态牌”并挂在规定的位置</td><td colspan="4">□ 已填　□ 已挂在操作室门上
A~E项操作人：</td></tr>
<tr><td rowspan="8">F. 根据指令从外包材室领取，并核对合格的大纸箱、说明书、小盒、封签、合格证，并检查是否有合格报告单，同时领取打印色带与打包带</td><td colspan="4">□ 领取　□ 已核对</td></tr>
<tr><td>物料名称</td><td>物料代码</td><td>分析号码</td><td>数量</td></tr>
<tr><td>大纸箱</td><td></td><td></td><td></td></tr>
<tr><td>小盒</td><td></td><td></td><td></td></tr>
<tr><td>说明书</td><td></td><td></td><td></td></tr>
<tr><td>封签</td><td></td><td></td><td></td></tr>
<tr><td>合格证</td><td></td><td></td><td></td></tr>
<tr><td colspan="4">操作人：</td></tr>
<tr><td>G. 根据指令与产品有效期，计算出有效期至的年月，将调好打码机的活字与印轮字，将花盒、标签、大纸箱打印上批号、生产日期、有效期，并检查复核打印批号、生产日期、有效期等内容是否与指令相符合</td><td colspan="4">□ 已计算　□ 已调好字
□ 已打印　□ 已核对
打印人：</td></tr>
<tr><td>H. 从内包室领取，并核对待外包半成品</td><td colspan="4">□ 已领取并核对
操作人：</td></tr>
<tr><td rowspan="6">I. 按《外包装岗位标准操作规程》将待外包产品与说明书一起放入小盒中，贴好封签。按装箱规格装入大纸箱，放好合格证后打包</td><td colspan="4">《外包装岗位标准操作规程》编码：
□ 已封口　封口人：</td></tr>
<tr><td colspan="4">□ 已装说明书　□ 已装花盒
操作人：</td></tr>
<tr><td colspan="4">□ 已装箱并放好合格证
装箱人：</td></tr>
<tr><td>合箱数</td><td colspan="2">合箱批号</td><td>零头数</td></tr>
<tr><td></td><td colspan="2"></td><td></td></tr>
<tr><td colspan="4">□ 已打包　打包人：</td></tr>
</table>

续表

J. 填写好寄库单，将已打包的产品寄库	□已填寄库单　　□ 已寄库 操作人：　　复核人：
K. 按《外包装岗位清场标准操作规程》进行清场	《外包装清场标准操作规程》 编码： □已清场（见清场记录表） 操作人：　　复核人：
L. QA对生产过程的监控	QA：　　日期：

（4）外包装岗位清场记录（正本） 见表7-18。

表7-18　清场记录表

记录编码：

<table>
<tr><td rowspan="3">清场前</td><td>产品名称</td><td colspan="2"></td><td>规格</td><td colspan="2"></td><td>批号</td><td></td></tr>
<tr><td>工序</td><td colspan="2"></td><td>房间号</td><td colspan="2"></td><td>数量</td><td></td></tr>
<tr><td>生产时间</td><td colspan="7">年　月　日至　年　月　日</td></tr>
<tr><td rowspan="6">清场项目</td><td>清场项目</td><td colspan="3">操作要点</td><td colspan="4">清场结果</td></tr>
<tr><td>物料</td><td colspan="3">结料、剩余物料退料</td><td colspan="4">已结料</td></tr>
<tr><td>中间产品</td><td colspan="3">清点、送规定地点放置、挂状态标志</td><td colspan="4">已清点、送规定地点放置
□已挂状态标志</td></tr>
<tr><td>废弃物</td><td colspan="3">清离现场至规定地点</td><td colspan="4">□已清离</td></tr>
<tr><td>工艺文件</td><td colspan="3">与续生产无关的清离现场</td><td colspan="4">□已清离</td></tr>
<tr><td>工具器具</td><td colspan="3">清洗湿抹布或拖把干净、送至规定地点</td><td colspan="4">□已清洗</td></tr>
<tr><td rowspan="3"></td><td>生产设备</td><td colspan="3">设备见本色，标志符合状态要求</td><td colspan="4">□已清洁　□挂“完好”标志牌</td></tr>
<tr><td>工作场地</td><td colspan="3">清洗湿抹布或湿拖把干净，标志符合状态要求</td><td colspan="4">□已清洁　□挂“已清场”标志牌</td></tr>
<tr><td>清洁工具</td><td colspan="3">清洗干净，送至规定处干燥</td><td colspan="4">□已清洁</td></tr>
<tr><td rowspan="8"></td><td rowspan="7">剩余物料</td><td rowspan="2">物料名称</td><td colspan="2">数量</td><td colspan="2">去向</td><td rowspan="2">交料人</td><td rowspan="2">接料人</td></tr>
<tr><td>剩余量</td><td>报废量</td><td>中间站</td><td>退库</td></tr>
<tr><td></td><td></td><td></td><td></td><td></td><td></td><td></td></tr>
<tr><td></td><td></td><td></td><td></td><td></td><td></td><td></td></tr>
<tr><td></td><td></td><td></td><td></td><td></td><td></td><td></td></tr>
<tr><td></td><td></td><td></td><td></td><td></td><td></td><td></td></tr>
<tr><td></td><td></td><td></td><td></td><td></td><td></td><td></td></tr>
<tr><td>清场人</td><td colspan="3"></td><td>班长</td><td colspan="3"></td></tr>
<tr><td rowspan="2">接续</td><td colspan="4">产品名称</td><td>规格</td><td colspan="3">批号</td></tr>
<tr><td colspan="4"></td><td></td><td colspan="3"></td></tr>
<tr><td>QA检查结果</td><td colspan="8">检查人：　　年　月　日</td></tr>
<tr><td>备注</td><td colspan="8"></td></tr>
</table>

（5）设备运行记录　见表7–19。

表7–19　设备运行记录表

设备名称：　　　　　　　　　　　　　　　　记录编码：

使用时间	使用人	用前情况	运行情况	用后保养情况	备　注

设备名称：　　　　　　　　　　　　　　　　记录编码：

使用时间	使用人	用前情况	运行情况	用后保养情况	备　注

设备名称：　　　　　　　　　　　　　　　　记录编码：

使用时间	使用人	用前情况	运行情况	用后保养情况	备　注

（6）设备巡回养护记录　见表7–20。

表7–20　设备巡回养护记录表

记录编码：

设备名称		规格型号	
维护保养内容			
更换材料	设备名称：		编号：
维护保养后效果			
维修人员：			日期：
使用部门人员：			日期：

6. 状态标志样张　见实训五，图5–2所示。

7. 关键岗位工艺控制点

工序	质量控制点	质量控制项目	频次
粉碎过筛	原辅料	异物细度	每批
制软材	黏合剂浓度、数量 时间	外观	每批
制粒	黏合剂浓度、温度 筛网	颗粒	1次/批、班
烘干	温度、时间、清洁度	含量、水分	随时/班
整粒	筛网	颗粒	随时/班
总混	转速、装量、时间	均匀度	每批
复合膜分装	颗粒分装	装量差异、密闭性、批号压痕	随时/班

续表

工序	质量控制点	质量控制项目	频次
包装	标签	内容、数量、使用记录	每批
	小盒	数量、说明书、标签	随时/班
	中盒	数量、说明书、封签	随时/班
	装箱	数量、装箱单、拼箱记载	每箱

8. 颗粒剂、胶囊与片剂工艺、质量检查、辅料的选择的差异　3种剂型质量检查与辅料选择标准（表7-21），可参见教材回答。

表7-21　质量检查与辅料的选择标准

		颗粒剂	胶 囊	片剂
工艺				
质量检查	外观			
	重量差异			
	粒度			
	水分			
	溶化性			
	崩解时限			
	溶出度			
	硬度			
辅料	稀释剂			
	黏合剂			
	崩解剂			
	润滑剂			

9. 颗粒分装机组件

（1）送膜系统　送膜电机；接触开关。
送膜滚轮；送膜滚轮离合器。

（2）给料系统　给料盘；挡板；下料斗；成形器。

（3）热封系统　纵封；横封；加热器；电热偶；温控器。

10. 外包装岗位

1）包装指令下达

①生产部根据投料情况及半成品质量检验合格情况，将包装指令于产品包装前一天下达给车间工艺员，包装指令中有详尽的包装材料定额使用要求。

②车间工艺员根据包装指令，将包装指令准确地填发给相应的班组（将包装指令准确地填写在包装生产记录第一栏“生产指令”栏中，并分发给相应的班组长）。

③包装班组长接到生产指令后，根据生产指令的要求进行计划和组织生产。

2）操作程序

①生产前须检查是否有上一批产品的清场合格证及环境卫生是否符合要求。

②根据批包装指令领取待包装品和包装材料（标签和小盒、中盒、说明书、外箱等），核对包装材料品名、规格、批号、图案、商标、套色、文字内容、外观质量、数量等；领取待包装半成品物料，检查半成品的质量检验报告单，再核对外观质量、品名、规格、批号等是否与生产指令一致。核对无误后，领发双方交接并签字。

③标签粘贴端正，牢固，不能有多余的胶水痕迹。

④包装操作时，应装量准确，批号清晰无误，并挑出有缺陷的膜、铝塑板及纸盒、纸箱等，把小盒或药瓶装入中盒以及把中盒装入大箱时，小盒和中盒的摆放方向一致。

⑤外箱中须放装箱单，且捆扎牢固。

⑥拼箱时，填写拼箱记录，并且只限相近两个批号合为一箱，拼箱应在产品开始包装时进行，拼箱操作人及复核人均须在相应记录中签字，装箱单及外箱须打全两个批号，装箱单须标明每批号的数量。

⑦在进行颗粒剂包装时，每一件均须检查产品气密性，并随时注意半成品及包装材料外观质量情况。

⑧工作结束后，把有缺陷的产品（裸露的素片或空胶囊除外）及生产结余的半成品交给班组长，由车间质监员核对并作尾料处理，不合格品按《不合格物料处理标准操作规程》相关条款处理。

⑨做好生产记录。

⑩严格执行清场规定。每班生产结束应做好设备、工具、操作台面及工房清洁，生产完毕或更换品种时按车间清场制度彻底清场。

⑪在同一操作室不可同时包装两个或两个以上品种或规格的产品，不可避免时应进行有效隔离。

⑫操作室及生产设备都要有明显的状态标志。

3）尾料处理

（1）尾料包括细粉、生产剩余或挑出并可返工处理的颗粒。

（2）正确填写尾料盛装单，并注明产生的原因及质量情况；保留的尾料必须是没有受污染的，已受污染的不得再做药用。

4）尾料的保管

①所有尾料均交中间站统一保管，由中间站建尾料账。

②中间站接受尾料时按规定进行复核，并目测外观质量。

③各种尾料分类存放，并有醒目的标示牌。

④尾料均要有质监员签字认可，否则中间站保管员有权拒绝收管。

【考核】

（一）题目

熟悉混合制软材、制粒、颗粒分装等颗粒剂生产设备的结构、组成、工作原理及注意事项，能正确操作槽型混合机、颗粒机、颗粒分装机等设备。

（二）完成时间

60分钟。

（三）条件与要求

药用淀粉（适量）、药用糊精（适量）、纯化水（适量）、粉碎机、混合机、称量设备、总混机、药典筛、颗粒机、颗粒分装机、烘箱等设备及GMP配套设施。

（四）考核内容及评分表

评价包括两方面，总分为100分。其中，职业素养与操作规范占该项目总分的20%，作品质量占该项目总分的80%。职业素养与操作规范、作品两项均需合格，总成绩评定为合格。如表7–22所示。

表7–22　颗粒剂的生产操作评分表

评价内容		分值	评分细则	实得分
职业素养与操作规范（20分）		10	穿工作服，不披发、化妆和佩戴首饰，得10分	
		10	保持工作环境干净、整洁，得10分	
作品（80分）	称量配料	15	检查称量室的清场合格证、环境温湿度，得3分	
			检查电子秤合格证、校正、调零，得4分	
			正确称取物料，复核，得5分	
			清场，得3分	
	混合制软材	25	检查槽型混合机已清场标志，试机，得3分	
			75%乙醇消毒内表面，得3分	
			将物料倒入混合机，初混，加黏合剂，混合至“紧握成团、轻按即散”，正确开机、关机，得10分	
			倒出制好的物料，清场，得4分	
			熟悉槽型混合机的安全注意事项，得5分	
	制湿颗粒	30	检查摇摆式颗粒机已清场标志，试机，得5分	
			75%乙醇消毒内表面，得3分	
			正确选用筛网、并正确安装筛网，得10分	
			慢慢倒入混合好的物料（上一岗位的物料），正确开机、关机，得5分	
			清场，得2分	
			熟悉摇摆式颗粒机的安全注意事项，得5分	
	干燥	10	正确设置干燥温度和干燥时间，得10分	

【相关知识】

1.颗粒剂的概念与特点

（1）颗粒剂系指药材提取物与适宜的辅料或与药材细粉制成的颗粒状制剂。凡单剂量颗粒压制成块状的称块状冲剂。

（2）颗粒剂可溶性、混悬性、泡腾性颗粒剂。

（3）特点 ①吸收快、显效迅速；②携带、服用方便，较液体制剂稳定；③口感好；④易潮解，对包装方法和材料要求高。

2.颗粒剂的质量要求与检测指标 颗粒剂应干燥，颗粒大小均匀，色泽一致，具有一定硬度，无吸潮、软化、结块、潮解等现象。可溶性颗粒剂用热水冲服时应全部溶化，可允许轻微混浊；混悬性颗粒剂能混悬均匀，并不得有焦屑等异物；泡腾性颗粒剂加水后应立即产生二氧化碳气体并呈泡腾状。颗粒水分、装置差异及卫生标准均应符合有关规定。颗粒剂的检测指标有粒度、溶化性、水分、微生物限度检查、装量差异等。

（1）粒度 双筛分法检查，不能过1号筛和能过5号筛的总和不得超过供试量的15%。每英寸为2.54cm，《中国药典》标准筛规格如表7-23所示。

表7-23 《中国药典》标准筛规格

筛　号	筛孔内径（μm）	工业筛目数（孔/英寸）
一号筛	2000 ± 70	10
二号筛	850 ± 29	24
三号筛	355 ± 13	50
四号筛	250 ± 9.9	65
五号筛	180 ± 7.6	80
六号筛	150 ± 6.6	100
七号筛	125 ± 5.8	120
八号筛	90 ± 4.6	150
九号筛	75 ± 4.1	200

（2）装量差异 取供试品10袋（瓶），除去外包装，分别精密称取每袋（或瓶）的重量，求出平均重量；每袋（瓶）装量与平均装量相比较（如无含量测定的颗粒剂，与标示装量作比较），超出装量差异限度者不能超过2袋（瓶），并不得有1袋（瓶），超过限度的1倍。

药典规定：

1.0g及1.0g以下	±10.0%
1.0g以上至1.5g	±8.0%
1.5g以上至6.0g	±7.0%
6.0g以上	±5.0%

［举例］比如我们生产的颗粒剂，不要进行含量测定，且每袋标示量为3g/袋，故装量差异为±7.0%，也就是说：±7.0%×3g（标示量）=±0.21g

限度的1倍则为：±7.0%×2×3g（标示量）=±0.42g

故该颗粒剂的合格范围为：2.79~3.21g

10袋该颗粒剂不得有两包超过“2.79~3.21g”的范围，且不得有一包超过“2.58~3.42g”的范围。

（吕毅　胡文主）

实训八　片剂的制备

【实训目的】

了解单冲压片机、ZP-35B型旋转式压片机的结构、组成、压片原理及自动控制系统；熟练掌握如何调节片重、片厚及硬度；掌握压片过程中质量控制，问题产生的原因及解决措施；了解压片岗位现场质量控制规程；学会制定压片机的验证和清洁验证方案。

【实训材料】

药用淀粉（适量）、药用糊精（适量）、硬脂酸镁（适量）、纯化水（适量）、粉碎机、混合机、称量设备、总混机、药典筛、颗粒机、颗粒分装机、烘箱、ZP-35B型旋转式、单冲压片机等设备及GMP配套设施。

【实训内容】

根据生产指令领取颗粒，做好相关记录，检查ZP-35B型旋转式压片机的状态，取出模具用75%的乙醇消毒；在教师的指导下，按照要求组装好压片机，手动转动压片机，检查压片机的性能是否良好。加料试生产，调节片重、片厚和硬度，达到要求后，进行正常生产，正式生产，将领取物料缓慢加入加料斗，生产过程中，每隔15分钟检查一次片重、片厚，并绘制平均片重曲线，生产结束后，做好压片岗位的物料平衡计算；按照压片岗位清洁操作规程进行清场，待教师检验合格后方可进入包衣工序或包装工序。

片剂的生产工艺流程如图8-1所示。

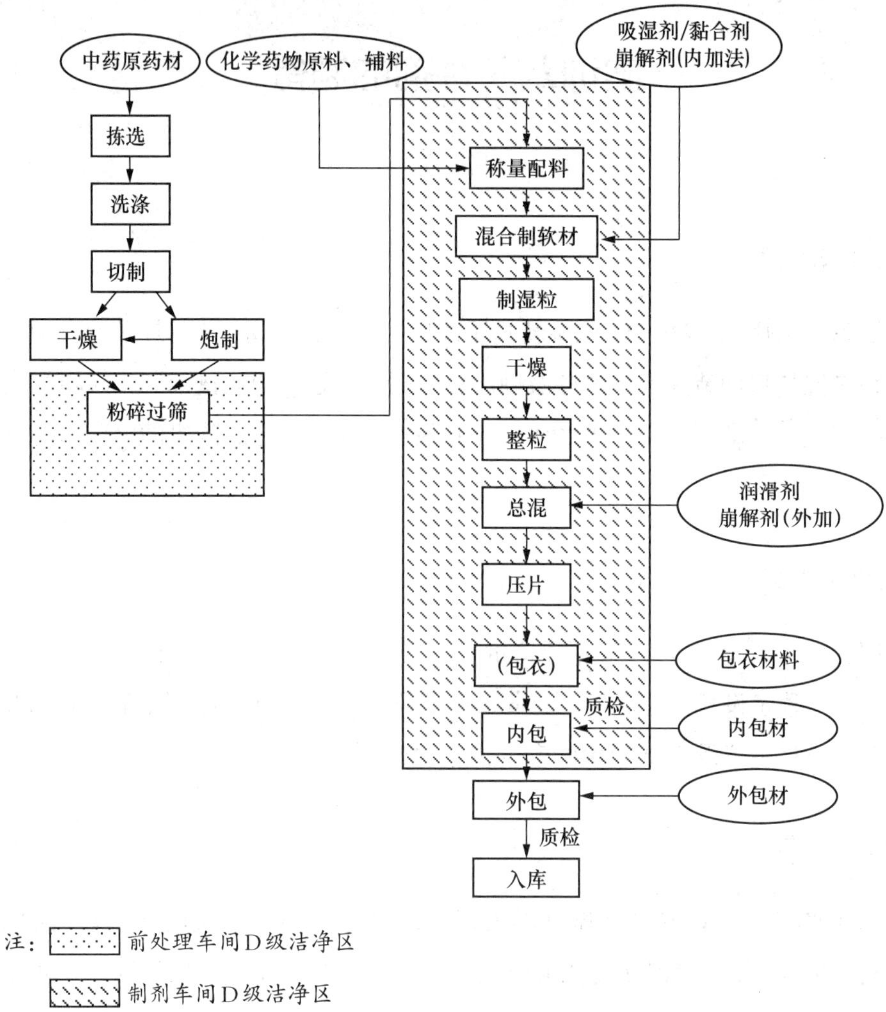

图8-1　片剂的生产工艺流程图

任务一　制颗粒　详见实训七。

任务二　总混　详见实训七。

任务三　压片

工作任务单

编号	岗位	工作任务
01	压片	压空白片
02	压片	本岗位设备的日常养护

实训指导老师引领

1. 压片岗位标准操作

1）操作前的检查准备工作

①检查生产场地、压片机的清洁情况，查看是否上批清场合格证，确认无上次遗留物。

②检查生产现场环境温度、湿度、压差是否符合要求。

③检查设备上的状态标志牌是否为“完好”。

④接收当天班次生产所需的各项生产文件，并检查文件是否齐全。

⑤将清场合格证、已清场状态卡贴于操作记录指定的位置。

⑥以上各项操作合格后，领取QA签发的“准产证”，贴于操作记录指定的位置。

⑦仔细阅读包装指令及工艺指令，到中间站领取合格颗粒并核对好品名、批号、数量，以及是否有合格检验报告书，填写中间产品交接单。

⑧从生产用具存放处领取当天生产所需的用具，从容器存放室领取当班生产所需的洁净不锈钢桶。

⑨根据指令，填写好生产状态卡，取下清洁状态卡，设备完好卡，将生产状态卡卡在操作室门上。

2）操作程序

①依次装好中模，下冲、上冲、刮粉器、饲料斗、流片槽将生产的使用工具准备好。

②中模是否与中模板相平，手动飞轮将下冲提升至最高位置，下冲是否与中模相平，上冲是否光滑平整，手动飞轮旋转几周，检查转动是否灵活，各部位配合是否协调，紧固部不得松动。

③接通电源，空机运转几分钟，看机器运转是否顺利，关机，切断电源。

④出片位置校正。用升降叉将下冲抬至最高位置，查看下冲上缘是否与中模上缘相平。若不相平调节出片调节轮。并观察饲料器外侧经过中模圈时下冲是否上升或下降，如有需维修设备。

⑤片重调试。将上冲调至最高处后饲料器中加入颗粒，压10片后称取片重。根据实际片重和工艺要求的差异，调节充量调节轮后再称量，反复至于工艺相符。

⑥压力调试：将螺母拧松，将套筒往下转3~4圈后试出片剂。置1.5m处落下是否裂开。如裂开，再重复上述至压出的片剂不裂开再将螺母拧紧。

⑦固紧出片调节轮与充量调节轮位置。加料手动旋转几圈，看出片是否顺利。检查片的厚度、硬度是否合格。

⑧以上调节合格以后，接通电源，按“绿色”的开机按钮，进行压片，直到当班的任务结束后，按“红色”的关机按钮关机，并切断电源。

3）生产结束

①将尾料称重后入头尾料存放室。

②清洁设备。将机器上的模具逐件拆下，拿到清洗室先用饮用水清洗干净，目测无上次残留物，特别是不易清洁的部位，用纯化水清洗两遍。将机器操作台外表面先用饮用水润湿的抹布擦拭两遍，目视无上次残留物，特别要注意不易清洁的部位，最后用纯化水润湿的抹布擦拭两遍。最后用75%乙醇擦拭一遍后，放在清洁工具架上晾干，若该模具不使用，晾干应及时擦好油放入模具盒中，存放于模具室。

③清洁生产场地，将生产操作室墙壁、天花板、灯具、门、窗等清洁干净（并应定期消毒）。

④填写好生产记录及清场记录。

⑤整理好记录，将过时的记录清离岗位，将已清场状态标志挂在操作室门上。

4）注意事项

①使用中经常检验片剂质量，若发现有毛边、凸纹、厚薄不均等情况，及时检查冲模，不合格切勿使用，以免损害机器。

②不干燥的原料切勿使用，以免损坏机器。

③运转中如有跳片、停滞不下或其他故障，切不可用手去取，以免伤手。

④接上电源，注意飞轮旋转与所指方向相同，切勿倒转，以免损坏机件。

⑤要保持机件滑润。每天开始工作前在各油杯内注油，中途要视各转动部位运转情况添加。

2. 压片机的日常维护与保养

①检查电路及维护　接通电源后，用试电笔检查各电路是否漏电，仔细检查接地装置，接地装置是否损坏，器件、电机是否单向运转。如有故障，由电器技师排除。

②检查润滑油及维护　各润滑点，进出班由学生用机油枪、黄油枪添加油料。

油料种类不同列表如表8-1所示。

表8-1　油料列表

润滑部位	油料名称	型号	备注
润滑点	钙基润滑脂	ZG-3	每班各处理一次
曲轴	机械油	N32	每班各处理一次

（3）注意事项　凸凹模在保存时应放入机械油N15中，避免模具锈蚀，影响模具精度，模具在更换与存放时，都应把凸凹模配套，因为在机械加工模具时都是按公差配合原理加工，如混乱配合时，会影响模具精度和使用寿命，以至损坏模具。

（4）检查易损件及维护　进出班前检查所有的坚固件、轴承、密封圈，如有松动、间隙加大、设备磨损加快、泄露等现象，由技师进行维修、更换。下班前对设备进行卫生处理。

（5）记录　以上各点出班时都应记录备案，以利查找问题。

学生练习

1. 调试压片机，合格颗粒的压片。

2. 用不同的颗粒压片的质量比较解决方法，填写表8-2所示。

表8-2　不同颗粒压片的质量及解决方法

颗粒	质量状况	解决方法
粗颗粒		
细颗粒		
含水量较大的颗粒		
含水量较小的颗粒		
颜色差异较大的颗粒		

解决方法： A粉碎后重新制粒；B加入润滑剂；C加入含水量较大的颗粒；D含加入水量较小的颗粒；E喷入乙醇。

3. 设备的日常维护。

4. 按要求清场。

5. 填写工作记录。

（1）压片生产记录　填写表8-3。

表8-3　压片生产记录表

记录编码：　　　　　　　　　　　　　　　　　页码

品名及规格		批　号		颗粒领用量	（g）
应压片重	g	片重范围	g	理论片数	片
总混机：　编号：				冲模规格	9mm浅弧
压片机：　编号：		生产日期		年　月　日	

续表

操作指令	操作记录
A. 复核清场情况，检查有无“清场合格证”将“已清场”标志牌和“清场合格证”贴于记录背面位置	□已进行清场复核，符合要求 □有“清场合格证” □已贴于规定处
B. 检查设备状态标志，安装好设备各部件并试开设备	□设备有“完好”状态标志 □已安装了设备并试机正常
C. 检查电子秤，并调零	电子秤编号_______ □在检定有效期内 □已调好零点
D. 领取洁净容器、用具	□已领取
E. 领取颗粒并核对每桶重量每桶颗粒的物料标签贴于记录规定位置	共__桶　净重共__g 领料人：　发料人： □“物料标签”均已贴于记录背面
F. 填写生产状态标志牌，挂于规定处	□已填写 □已挂于压片室门口 A~F项操作人：
G. 压片，调节好片厚、片芯硬度，观察外观质量	□向加料斗中加入颗粒 □调节好压力 □检测硬度、片重、外观
H. 压片时随时检查片芯硬度和外观质量	□已按指令操作
I. 压好的片芯装于洁净的周转桶内，每桶填写一张物料标签，写明品名、批号、规格、生产者、生产日期并挂牌于桶上	□已按指令操作
J. 每班压片结束，将压好的片芯移交中间站，与中间站管理员共同称量每桶数量，将数量记录于物料标签上	□片芯已移送中间站，共__桶 □已称重，并填写好物料标签 G、H、I、J项操作人：
K. 收集头尾料，移交中间站并挂好牌	□收集头尾料__g，并交中间站 □已填写好物料标签，并挂好牌 交料人：　收料人：
L. 清场，将清理收集到的可见损耗颗粒称量	规程编码为：________ □已清场，见清场记录表 可见损耗重量__kg 称量人：
M. 物料平衡的计算（要求90%~110%）	物料平衡$=\dfrac{\text{片芯总重量}+\text{废料量}}{\text{投料量}}\times 100$
	合格 □ 不合格 □，分析原因：
N. 对过程的监控	监控情况，结果及发放意见： QA：　年　月　日

（2）清场记录 填写表8-4。

表8-4 清场记录

记录编号：

清场前	品名及规格			批 号	
	工 房			生产日期	年 月 日
清场项目	清场要求			清场结果	
物料	将素片进中间站，剩余物料退料			□已交接 □已退料	
废弃物	清离现场，置规定地点			□已清离，置规定处	
文件记录	与续产相关的文件记录整理置工作柜内，无关文件记录清离现场			□已按要求清理	
用具、容器	按SOP清洁至清洁无异物，无物料残留物并挂状态标志牌			□已清洁，并置存放间存放 □挂“已清洁”标志牌	
电子秤	按SOP清洗，标志符合状态要求			□已清洁	
工作场地	按《洁净室清洁SOP》清洁天棚、墙面、灯具、门窗、操作台、地面至无积尘、无积液，并挂状态标志牌			□已清洁，并挂“已清场”状态牌	
清洁工具	按SOP清洁，置规定处存放			□已清洁，并置洁具存放间存放	
清场人		复核人		清场日期	年 月 日
接续	产品名称			规格	批号

QA检查结果：

检查人： 年 月 日

（3）设备运行记录 填写表8-5。

表8-5 设备运行记录

设备名称： 记录编码：

使用时间	使用人	用前情况	运行情况	用后保养情况	备 注

（4）设备巡回养护记录 填写表8-6。

表8-6 设备巡回养护记录

记录编码：

设备名称		规格型号	
维护保养内容			
更换材料	设备名称： 编号：		
维护保养后效果			
维修人员：	日期：		
使用部门人员：	日期：		

6. 状态标志样张　见实训五，图5-2所示。

7. 本岗位工艺控制　见表8-7。

表8-7　片剂工艺控制标准

工序	质量控制点	质量控制项目	频次
粉碎过筛	原辅料	异物细度	每批
制软材	黏合剂浓度、数量 时间	外观	每批
制粒	黏合剂浓度、温度 筛网	颗粒	1次/批、班
烘干	温度、时间、清洁度	含量、水分	随时/班
整粒	筛网	颗粒	随时/班
总混	转速、装量、时间	均匀度	每批
压片	片子	平均片重 片重差异 硬度、崩解时限 外观 含量、均匀度、溶出度（指规定品种）	定时/班 1次/15分钟 1次/班以上 随时/班 每批

8. 掌握单冲压片机的常见故障及排除方法。

（1）现象　上冲到一定位置后飞轮停滞不动。

1）原因

①设定压力太大。

②颗粒密度不均匀，造成填入颗粒过多。

2）排除方法

①减小压力　将上冲螺母旋松后将套筒往上调，即可减小压力。

②下冲将片剂顶出　将饲料器拆下后，飞轮往回转至片剂顶出后，再将饲料器装上。

（2）现象　出片时不能顺利出片。

1）原因

①出片时位置太低。

②填充没有将颗粒填至中模圈，即饲料器中颗粒流动性太差，或有异物堵塞饲料器的饲料孔。

2）排除方法

①将升降叉抬置最高后，调节出片调节轮将下冲与中模相平。

②改善颗粒的流动性。排除异物；拆出饲料器，将颗粒倒出。

9.模具冲头的分类　直径大小，4~20mm；冲头形状：平面形、斜边形、浅凹形、中凹形、深凹形。

10.生产用模具管理

（1）根据生产需要，由工程部负责定做、购置和保管，仓库应留一定的备用模具。

（2）购进的模具由工程部负责验收，其规格、文字、商标、图案、材质及尺寸偏差必须同定做时的要求或生产工艺要求完全一致，否则不得接收。

（3）模具购进后，专柜存放，造册登记，专人保管。

（4）长期不用的模具需涂油保管。

（5）模具在保存、领发、使用过程中不得有任何碰撞，以免损坏模具。

（6）模具的领发须有记录，领发双方必须签字。

（7）模具领用单据须有部门负责人的签字。

（8）车间在用的模具由车间相应班组负责保管，如长期不用，须涂油保管，或退回工程部五金仓库，模具退回时，亦需记录。

（9）模具如有损坏，或淘汰不能使用，须由使用部门提出销毁，工程部部长批准后，方可销毁。

（10）销毁方式可用铁锤打坏，作废铁处理。

11.片剂制备中可能发生的问题及解决办法，完善表8-8，可参见教材完成。

表8-8　制片过程中可能发生的问题及解决办法

	发生问题	解决办法
裂片		
松片		
粘冲		
片重差异超限		
崩解迟缓		
含量不均匀		

【考核】

（一）题目

了解ZP-35B型旋转式压片机、单冲压片机的结构、组成、压片原理及自动控制系统；熟练掌握如何调节片重、片厚及硬度。正确操作压片机。

（二）完成时间

30分钟。

（三）条件与要求

颗粒、称量设备、总混机、药典筛、ZP-35B型旋转式压片机、单冲压片机等设备及GMP配套设施。

（四）考核内容及评分表

评价包括两方面，总分为100分。其中，职业素养与操作规范占该项目总分的20%，作品质量占该项目总分的80%。职业素养与操作规范、作品两项均需合格，总成绩评定为合格。如表8-9所示。

表8-9　片剂的生产操作评分表

评价内容		分值	评分细则	实得分
职业素养与操作规范（20分）		10	穿工作服，不披发、化妆和佩戴首饰，得10分	
		10	保持工作环境干净、整洁，得10分	
作品（80分）	总混	20	检查总混室的《清场合格证》、环境温湿度，得2分	
			检查总混机已清洁标志、用75%乙醇消毒设备内表面，得2分	
			取适量的颗粒、加润滑剂（滑石粉），混合，得3分	
			正确开机、关机，设置混合转速，得5分	
			倒出物料，并清场，得3分	
			熟悉总混机的安全注意事项，得5分	
	ZP-35B型旋转式压片机操作	30	检查压片机已清洁标志，试机，得2分	
			75%乙醇消毒内表面，得3分	
			正确安装上冲、下冲、冲模，正确开机、关机，得10分	
			正确调节压片的压力、调节片重，得5分	
			正确拆上冲、下冲、冲模，得5分	
			熟悉压片机的安全注意事项，得5分	
	单冲压片机	20	检查单冲压片机已清洁标志，试机，得2分	
			75%乙醇消毒内表面，得1分	
			正确调节压力、片重，得5分	
			正确安装加料器、加料斗5分	
			清场，得2分	
			熟悉单冲压片机的安全注意事项，得5分	
	片剂质量检查	10	正确检查片重差异，得10分	

【相关知识】

（一）片剂

1. 片剂的基本概念与特点

（1）片剂的概念　系指药物细粉或提取物与适宜的赋形剂混合，经加工压制而成圆形或其他形式的片状分剂量的剂型，供内服和外用。

（2）片剂的分类

①按剂型分类　长效片、嚼用片、口含片、舌下片、外用片和其他片（微囊片、泡腾片、多层片）。

②按给药途径分类　内服片、压制片（素片）、包衣片。包衣片是指压制片（常称为片心）外面包有衣膜的片剂，按照包衣物料或作用的不同，可分为糖衣片、薄膜衣片、肠溶衣片等。

（4）片剂的优缺点

1）优点　①一般情况下片剂的溶出速率及生物利用度较丸剂好；②剂量准确，片剂内药物含量差异较小；③质量稳定，片剂为干燥固体，且某些易氧化变质及潮解的药物可借包衣加以保护，所以光线、空气、水分等对其影响较小；④携带、运输、服用较方便；⑤机械化生产，产量大，成本低，“卫生标准”也容易达到。

2）缺点　①片剂中药物的溶出速率较散剂及胶囊剂为慢，其生物利用度稍差些；②儿童和昏迷病人不易吞服；③含挥发性成分的片剂贮存较久时含量下降。

2. 片剂的主要检测指标

（1）溶出度　系指药品从片剂、胶囊剂或颗粒剂等固体制剂在规定条件下溶出的速率和程度。

（2）崩解时限　系指口服固体制剂在规定条件下全部崩解溶散或成碎粒，除不溶性包衣材料或破碎的胶囊壳外，应全部通过筛网。如有少量不能通过筛网，但已软化或轻质上漂且无硬心者，可作符合规定论。

（3）释放度　系指药物从释放制剂、控释制剂、肠溶制剂及透皮贴剂等在规定条件下释放的速率和程度。

（4）含量均匀度　系指小剂量或单剂量的固体制剂、半固体制剂和非均相液体制剂的每片（个）含量符合标示量的程度。

（5）微生物限度　系指检查非规定灭菌制剂及其原料、辅料受微生物污染程度。

（6）重量差异（片重差异） 如下所示。

平均片重或标示片重	重量差异程度
0.30g 以下	±7.5%
0.30g 及 0.30g 以上	±5%

（7）发泡量　主要针对泡腾片。

（8）分散均匀性　主要针对分散片。

（9）脆碎度　减失重量不得过1%，且不得检出断裂、龟裂及粉碎的片。

（二）丸剂

1. 丸剂的概念与特点

（1）丸剂是中药的一种药物剂型，指药材细粉或药材提取物加适宜的黏合剂或辅料制成的球形或类球形制剂。分为蜜丸、水蜜丸、水丸、糊丸、浓缩丸和微丸等类型。西药丸剂包括滴丸、糖丸、小丸等。

（2）丸剂的特点

①溶散、释放药物缓慢，可延长药效，缓解毒性、刺激性，减弱不良反应，多用于治疗慢性疾病或病后调和气血者。②服用方便。③制法简便，适用范围广，如固体、半固体、液体药物均可制成丸剂。④可掩盖不良气味。⑤可较多容纳黏稠性药物，贵重、具芳香气味、不宜久煎的药物宜制成丸剂。⑥缺点，由原药材粉末加工而成的丸剂易污染微生物，成品较难符合我国药品卫生标准；剂量较大，儿童服用困难；丸剂生产操作不当易影响溶散。

2. 丸剂的主要检测指标

（1）外观　丸剂外观应圆整均匀、色泽一致。蜜丸应细腻滋润、软硬适中。蜡丸表面应光滑无裂纹，丸内不得有蜡点和颗粒。滴丸应圆整均匀，色泽一致，无粘连现象，表面无冷凝液介质黏附。

（2）水分　除另有规定外，蜜丸和浓缩蜜丸中所含水分不得过15.0%；水蜜丸和浓缩水蜜丸中所含水分不得过12.0%；水丸、糊丸和浓缩丸中所含水分不得过9.0%；蜡丸、滴丸不检查水分。

（3）溶散时限　除另有规定外，小蜜丸、水蜜丸和水丸应在1小时内全部溶散；浓缩丸和糊丸应在2小时内全部溶散；滴丸应在30分钟内全部溶散，包衣滴丸应在1小时全部溶散。蜡丸在盐酸溶液中（9→1000）检查2小时，不得有裂缝、崩解或软化现象，再在磷酸盐缓冲液（pH6.8）中检查，1小时内应全部崩解；大蜜丸不检查溶散时限。

（4）重量差异 按丸数服用的丸剂，取供试品10份，分别称定重量，再与每份标示重量相比较；包糖衣的丸剂应检查丸芯的重量差异并符合规定。

（5）重量差异 单剂量包装的丸剂，每袋（瓶）装量与标示装量相比较。

（龚秋红 庞心宇）

实训九　硬胶囊剂的制备

【实训目的】

了解NJP-200型全自动硬胶囊填充机的结构、组成、工作原理及日常维护；掌握胶囊填充岗位的岗位操作规程；掌握胶囊填充过程中容易出现问题的原因及解决措施；掌握胶囊填充岗位的现场质量控制规程。

【实训材料】

药用淀粉（适量）、药用糊精（适量）、纯化水（适量）、粉碎机、混合机、称量设备、总混机、药典筛、颗粒机、烘箱、全自动胶囊填充机等设备及GMP配套设施。

【实训内容】

按照生产指令领取颗粒和空心胶囊，做好相关记录。检查NJP-200型全自动胶囊填充机的状态，用75%乙醇对直接接触药品的部位消毒，做好操作前准备。按照要求安装全自动胶囊填充机的上下模和填充杆，加入少量空心胶囊，打开真空泵空转，看设备是否运行稳定，加料试生产，检查胶囊的装量差异、崩解时限及外观。待教师检验合格后，方可进行生产，生产过程中，每隔15分钟检查胶囊装量差异，并做好平均净重记录。生产完毕，按照胶囊填充岗位清洁规程进行清场，生产半成品加入胶囊抛光机内进行抛光。然后将填充好的胶囊进行铝塑包装，班（组）长对胶囊填充、铝塑包装岗位的物料平衡进行计算做好生产和清场记录，待教师检查合格后，方可退场。

硬胶囊剂的生产工艺流程如图9-1所示。

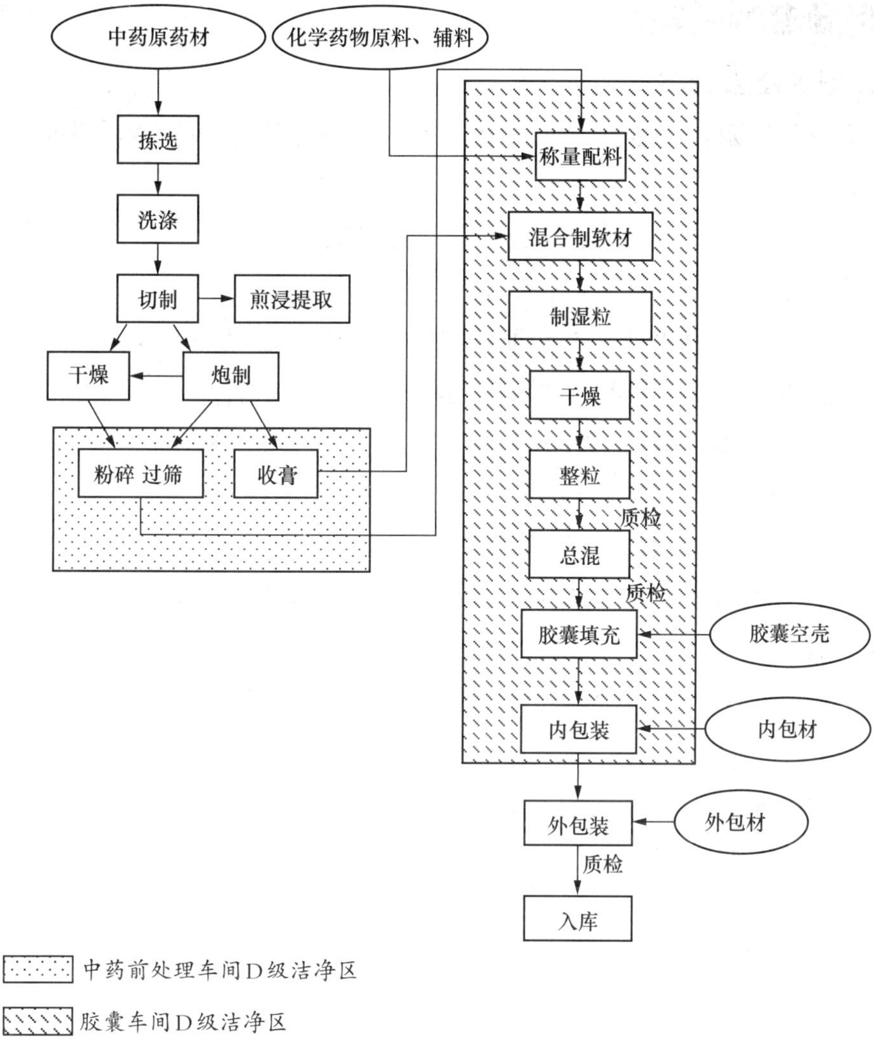

图9-1　硬胶囊剂生产工艺流程

任务一　制颗粒（见实训七）

任务二　总混（见实训七）

任务三　胶囊填充

工作任务单

编号	岗位	工作任务
01	胶囊填充	填充胶囊
02	胶囊填充	本岗位设备的日常养护

实训指导老师引领

1.操作前的检查准备工作

（1）检查生产场地，胶囊填充机的清洁情况，查看是否有上批清场合格证，确认无上次遗留物。

（2）检查生产现场环境温度、湿度、压差是否符合要求。

（3）检查设备上的状态标志牌是否为“完好”。

（4）接收当天班次生产所需的各项生产文件，并检查文件是否齐全。

（5）将清场合格证、已清场状态卡贴于操作记录指定的位置。

（6）以上各项操作合格后，领取QA签发的“准产证”，贴于操作记录指定的位置。

（7）仔细阅读批生产指令，到中间站领取合格颗粒并核对好品名、批号、数量，以及是否有合格检验报告书，填写中间产品交接单。

（8）从生产用具存放处领取当天生产所需的用具，从容器存放室领取当班生产所需的洁净不锈钢桶。

（9）根据指令，填写好生产状态卡，取下清洁状态卡，设备完好卡，将生产状态卡挂在操作室门上。

2. NJP-200型全自动胶囊填充机操作过程

本设备通过悬挂操作箱（如图9-2）面板上的人机界面显示屏提示操作人员工作。所以本机的操作人员必须通读本机的说明书，并且要经过相应的培训，才能上岗操作，以免造成不必要的损失。

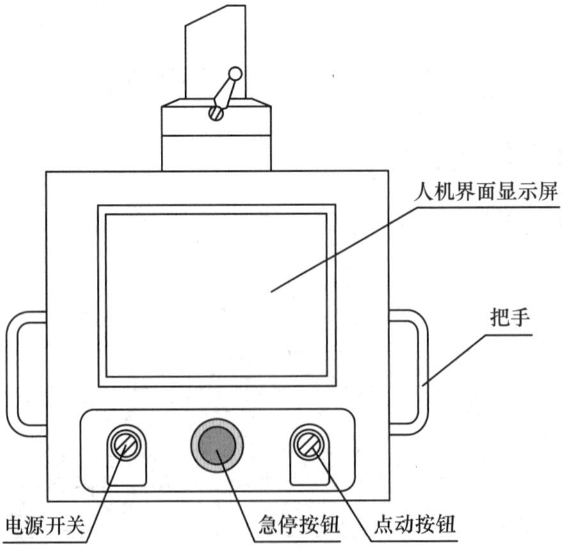

图9-2　悬挂操作箱

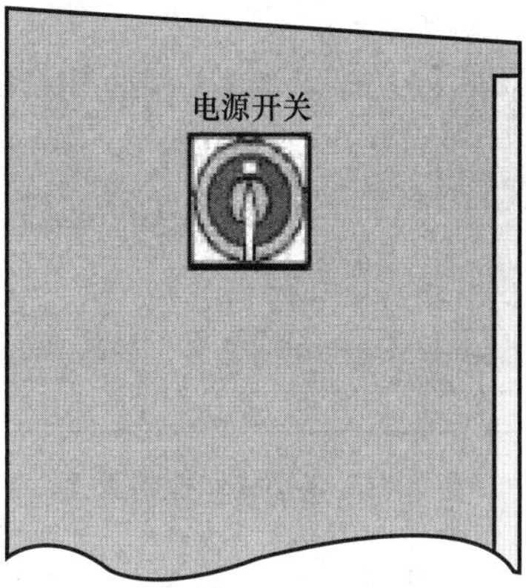

图9-3　电源开关示意图

开机前要把机器检查一遍，转动手摇离合机构中的拨叉离合手轮使两锥齿轮处于咬合位置（注：此时主电机处于不启动保护状态，以防止摇手柄尚未取出而主电机启动后摇手柄甩出伤及人员或损坏机器），并用摇手柄转动手摇轴使主电机带动机器运转1~3个循环后再转动波叉离合手轮使两锥齿轮处于脱开位置，确认无异常情况取下手柄接通电源后再将电源总开关（如图9-3）从“0”位置转至“1”位置。悬挂操作箱面板上的显示屏（如图9-4）显示出①号“语言选择”页面，在该页面上进行语言选择，请点击“中文”键进入②号中文操作控制页面（选择英文点击“English”键则进入英文操作控制页面）。②号操作选择页面内容有“手动画面/自动画面”模式选择键，“参数设置/技术参数”选择设置键（如图9-5）。

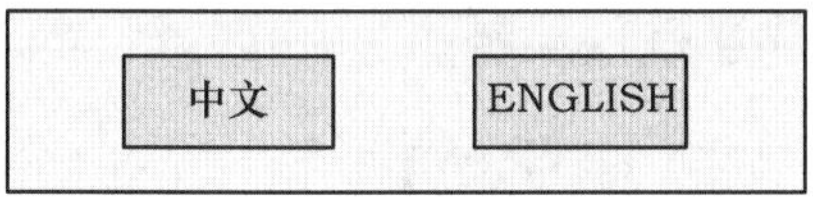

图9-4　①号操作选择页面

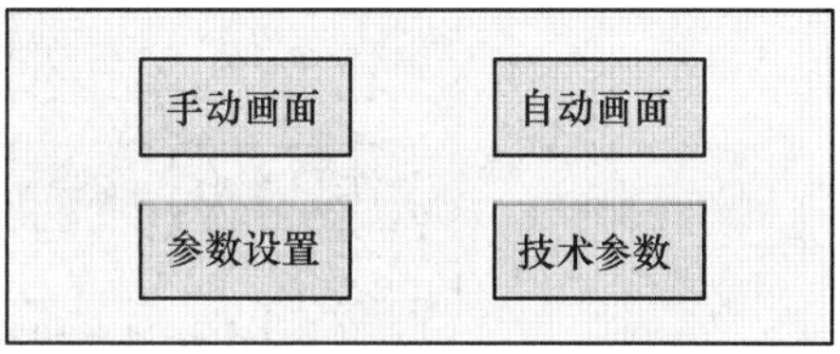

图9-5　②号操作选择页面

（1）手动画面基本操作方法

1）在②号操作选择页面，点击“手动画面”就进入③号操作控制页面（如图9-6），该页面内容有“主机点动/主机启动”键，“真空点动/真空启动”键，“加料点动/加料启动”键，“吸尘点动/吸尘启动”键和“主机调速”键。

2）点动“主机点动”键，机器就会在点住状态下运行，注意：只有在手点住“主机点动”手动键的情况下，机器才能运行，否则，机器就会停止运行。

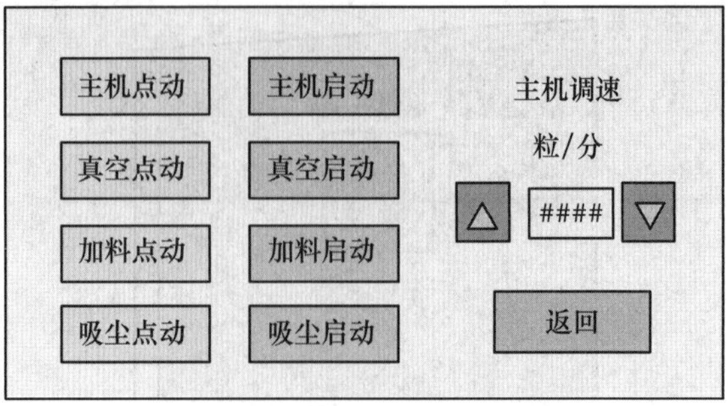

图9-6　③号操作控制页面

3）点动“主机启动”键，机器就会在点动状态下连续工作运行。

4）“真空点动/加料点动/吸尘点动”键。

5）“真空启动/加料启动/吸尘启动”键。

6）在“主机调速”键下，点击“△”“▽”键，可以调节设点机器运行的速度。“△”键表示减小速度；“▽”键表示增加速度。点击“主机调速”下的数字，可以根据厂家所需的产量自行设定数字。

（2）自动画面基本操作方法

1）在②号操作选择页面，点击“自动画面”就进入④号操作控制页面（如图9-7），该页面内容有“自动启动/自动停止”键，“加料点动”键，“故障复位”键，“计数产量开关”键，“清零”键，“主机调速”键。

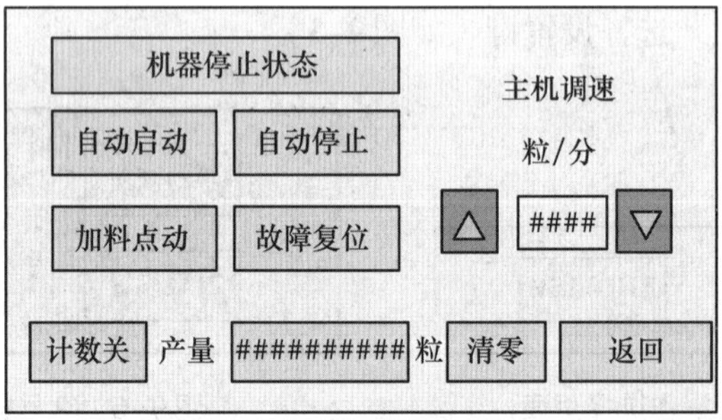

图9-7　④号操作控制页面

2）点动“自动启动”键，机器就进入自动运行状态。点动“自动停止”键，机器就进入自动停止状态。注：要进行全自动状态运行，首先要检查机器的四边玻璃护门的门控开关状态，其次要检查加料斗内的药粉是否充足，当某扇门被打开或关闭状态不良或药粉缺料时，在自动状态下机器就不能启动并且会发出警报声。

3）点动“加料点动”键，药粉斗里的药粉就会进入剂量盘。

4）点动“故障复位”键，警报声就会关闭。

5）“计数产量开关”键，是用来计算生产产量。

6）如果想重新计算产量，按“清零”键。

7）“主机调速”键。

（3）参数设置基本操作方法

1）在②操作选择页面，点动“参数设置”键就进入⑤号设置操作页面（图9-8），该页面的内容有“主机延时启动”键，“自动加料时间”键，“缺料延时停机”键。

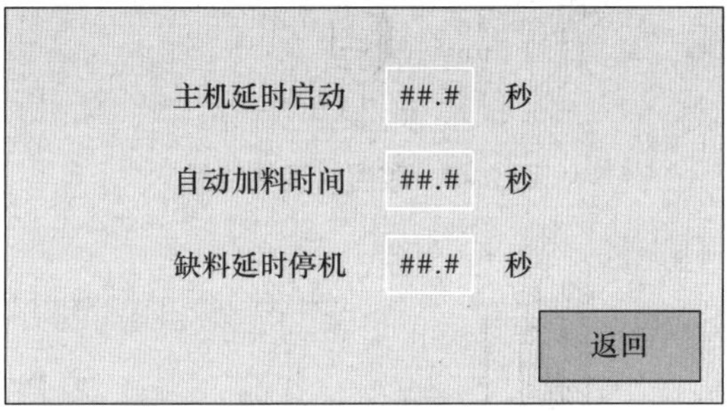

图9-8　⑤号设置操作页面

2）点动“主机延时启动”键，可以设置机器在主机延时几秒后启动运行。一般为2秒。

3）点动“自动加料时间”键，可以设置需要几秒来进行加料，根据药粉情况而定。一般为20秒。

4）点动“缺料延时停机”键，可以设置机器在缺料时延时几秒后停机。一般为8秒。

3. NJP-200型全自动胶囊填充机工作原理　机器运转时在第一工位上胶囊料桶内的胶囊会通过胶囊料斗逐个地竖直进入送囊板内，先由水平叉推至矫正块外端（图9-10），再由垂直叉及真空吸力顺入模孔中，并将帽、体分离。第二工位下模块下降并向外运动。第三工位粉剂充填，药室中的药粉经过五次充填压缩后推入胶囊体中（图9-11）。第四工位用吸尘管路将帽体未能分离的残次胶囊剔除并吸掉。第五工位下模块向内运动并同时上升。第六工位锁合推杆上升使已充填的胶囊锁合。第七工位将锁好的胶囊推出、收集。第八工位吸尘机清理模孔后再次进入下一个循环。如图9-9所示。

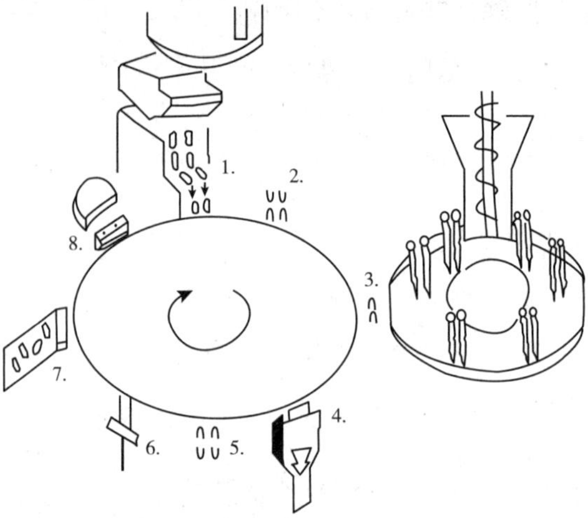

图 9-9　胶囊的运转路线

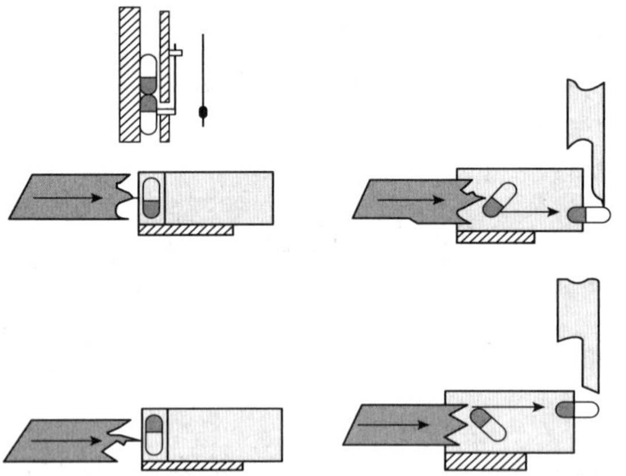

图9-10　胶囊调头过程

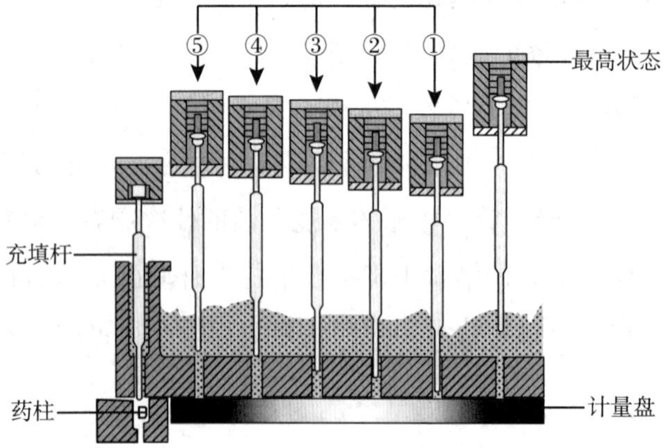

图9-11　药柱预制及充填过程

4.生产结束

（1）将尾料重后送入头尾料存放室。将剩余的胶囊空壳清点数量后送入内包材存放室。

（2）清洁设备。将机器上的模具逐件拆下，拿到清洗室先用饮用水清洗干净，目测无上次残留物，特别是不易清洁的部位，用纯化水清洗两遍。将机器操作台外表面先用饮用水润湿的抹布擦拭两遍，目视无上次残留物，特别要注意不易清洁的部位，最后用纯化水润湿的抹布擦拭两遍。最后用75%乙醇擦拭一遍后，放在清洁工具架上晾干，若该模具不使用，晾干应及时擦好油放入模具盒中，存放于模具室。

（3）清洁生产场地，将生产操作室墙壁、天花板、灯具、门、窗等清洁干净（并应定期消毒）。

（4）填写好生产记录及清场记录。

（5）整理好记录，将过时的记录清离岗位，将已清场状态标志挂在操作室门上

注意：由于毛刷与网布在工作中摩擦发热，热度过高会影响药品表面光洁度，故操作人员要自行掌握机器连续工作时间不宜过久。清场时要清洗毛刷，网布及料筒。清洗后或备用的毛刷应吊挂，不能平放。吸尘器过滤袋要经常清理。

5.胶囊填充机的日常维护

（1）机器长期正常运转时要定期或根据运转情况对药粉直接接触的零部件进行清理，当要更换药型或停机时间较长（一般超过3个月以上）都要进行彻底清理、消毒，才能正常工作。

（2）机器机架面板下部的传动机构每运转500小时要处理油污，检查磨损情况，确认无异常情况后加润滑剂可继续运转。

（3）真空系统的过滤器每运行200小时，要清理 ·次。

（4）机器的润滑

①凸轮的工作表面每运行50小时涂润滑脂一次（$2^{\#}$极压锂基润滑脂）。

②机器下部各连杆上的关节轴承每运行50小时加注润滑油一次（$90^{\#}$以上机油）。

③机器各种轴承每运行50小时加注润滑剂，滚动轴承和滑动轴承加注$90^{\#}$以上机油，直线轴承加注$0^{\#}$极压锂基润滑脂；根据实际情况必要时缩短时间或进行清洗。

④传动链条每运行50小时要检查其松紧度，并加涂润滑脂（$2^{\#}$极压锂基润滑脂）。

⑤主传动减速机每运行250小时要检查一次油量，发现不足要及时加油，每运行3000小时或半年（先达到者为限）更换一次润滑剂（其润滑油黏度为460~680的工业闭式极压齿轮油，原装润滑油为“壳牌”Shell Omala220，建议尽可能采用同牌号）。

⑥供料减速器每运行250小时要检查一次油量，发现不足要及时加油，每运行1000小时或4个月（先达到者为限）更换一次润滑油（其润滑油为黏度550~680的合成蜗轮蜗杆油，也可以用“壳牌”TIVEL AOLL Sc320或“美孚牌”GL YGOYLE30）。

⑦两只分度箱首次运行1000小时或4个月（先达到者为限）要更换润滑油，以后每运行3000小时或一年（先达到者为限）更换一次（其润滑油为黏度320~460的工业闭式极压齿轮油，原装润滑油为“美孚牌”Mobil Gear632，建议尽可能采用同牌号）。

⑧机器每运行50小时应取下回转台的上盖板，对T型轴与导杆的各运动点以及滑动轴承、滚动轴承加注润滑油一次（90#以上机油），直线轴承加注0#极压锂基润滑脂；每运行1000小时，应卸T型轴、密封圈作全面清洗，并检查其磨损程度，确认无异常后加润滑剂方可继续运行。

注：该机器传动系统绝大部分是利用凸轮带动摆杆而进行传动运行工作的，其传动凸轮位置在工厂装配时已调整准确，为保证各机构运行不发生干涉，请不要随意调整，如果必须调整，必须由制造单位技术人员或专业人员指导下进行调整。

（5）常见故障排除表　见表9-1。

表9-1　常见故障排除方法

故障状态	故障原因	排除方法
送囊缺粒	残次胶囊堵塞送囊板进口	用胶囊通针剔除、将其清理出胶囊罐
	送囊开关过大或过小	调整送囊开关位置
	卡囊片损坏或位置不均匀	更换卡囊片，或将角度修正均匀
胶囊入模孔成品率低	水平叉太前或太后	调整水平叉位置
胶囊分离时飞帽	真空度过大	调整真空阀适量减低真空度
胶囊未能正常分离	真空度过小	调整真空阀适量增加真空度
	模孔积垢	清洗上、下模孔
	模孔通轴度不对	用上、下模块芯棒校正同轴度
	胶囊碎片堵塞吸囊头气孔	用小钩针清理胶囊碎片
	模块损坏	更换模块
	真空管路堵塞	疏通真空管路
胶囊缩合出现擦皮、凹口	模孔同轴度不对	用上下模块芯棒校正通轴度
	锁囊顶针弯曲	调整或更换锁囊顶针
	顶真端面积垢	清洗顶针端面
	顶针高度偏高	调整顶针高度
	模孔损坏或磨损	更换模块

续表

故障状态	故障原因	排除方法
锁紧不到位	锁囊顶针偏低	调整锁囊顶针高度
	充填过量	请药厂调整工艺
主机故障停机	离合器摩擦片过松	调整摩擦片压力
	剂量盘下平面与铜环上平面摩擦力增大	1.降低生产环境相对湿度 2.调整剂量盘下平面间隙

学生练习

1.操作全自动胶囊填充机。

2.设备的日常维护。

3.按要求清场。

4.填写工作记录

（1）空白胶囊充填记录　填写表9-2。

表9-2　空白胶囊填充记录

记录编码：

品名及规格		批　号		计划产量	粒
总混机名称型号：		编号：	填充机名称型号：		编号：
操作人			复核人		

操作指令	操作记录
A.复核清场情况，检查有无“清场合格证”，将“合格证”贴于记录规定位置	□复核清场情况，符合要求 □有“清场合格证” □已贴于记录规定处
B.领取洁净用具、容器	□已领取
C.到中间站领物料，核对物料名称是否与批生产指令相符	□已领取 □已核对无误
D.领取QA签发的“准产证”，并贴于记录规定位置	□已领取，并贴好
E.填写“生产状态”标志，并挂在规定处	□已填写　□已挂于填充室门口 A-E项操作人：　　　　复核人：
F.胶囊填充，按工艺控制好装量，每填充一盘称量一次装量	□已填充　标示装量___g/粒 □已抛光
G.将填充合格的胶囊清点数量及时送内包装室，清退剩余胶囊空壳物料，清退头尾料	□已清点数量并挂物料标签，共__桶共___粒　□已送内包装室 □已清退 F、G项操作人：　　　　复核人：

续表

H.清场	□已清场，清场情况见清场记录 操作人：　　　复核人：
I.物料平衡的计算（要求90%~110%）	合格　□ 不合格　□，分析原因：
J.QA对称量配料过程的监控	QA监控情况，结果及发放意见： QA：　　　　　　年　　月　　日

物料平衡计算方法：

$$物料平衡=\frac{已填充胶囊的重量+剩余空胶囊的重量+可收集损耗量}{领用颗粒或粉末总量+领用空胶囊的总重量}\times 100\%$$

（2）清场记录　填写表9-3。

表9-3　清场记录表

记录编码：

<table>
<tr><td rowspan="2">清场前</td><td colspan="2">品名及规格</td><td></td><td>批 号</td><td></td></tr>
<tr><td colspan="2">工 房</td><td></td><td>生产日期</td><td>年　月　日</td></tr>
<tr><td>清场项目</td><td colspan="3">清场要求</td><td colspan="2">清场结果</td></tr>
<tr><td>物料</td><td colspan="3">将充填好的胶囊送内包装室，剩余物料退料</td><td colspan="2">□已交接　□已退料</td></tr>
<tr><td>废弃物</td><td colspan="3">清离现场，置规定地点</td><td colspan="2">□已清离，置规定处</td></tr>
<tr><td>文件记录</td><td colspan="3">与续生产相关的文件记录整理置工作柜内，无关文件记录清离现场</td><td colspan="2">□已按要求清理</td></tr>
<tr><td>用具、容器</td><td colspan="3">按其清洁SOP，清洁至无异物，无物料残留物并挂状态标志牌</td><td colspan="2">□已清洁，并置存放间存放
□挂“已清洁”标志牌</td></tr>
<tr><td>工作场地</td><td colspan="3">按《洁净室清洁SOP》清洁天棚、墙面、灯具、门窗、操作台、地面至无积尘、无积液，并挂状态标志牌</td><td colspan="2">□已清洁，并挂“已清场”状态牌</td></tr>
<tr><td>清洁工具</td><td colspan="3">按其清洁SOP清洁，置规定处存放</td><td colspan="2">□已清洁，并置洁具存放间存放</td></tr>
<tr><td>清场人</td><td></td><td>复核人</td><td></td><td>清场日期</td><td>年 月 日</td></tr>
<tr><td rowspan="2">接续</td><td colspan="3">产品名称</td><td>规格</td><td>批号</td></tr>
<tr><td colspan="3"></td><td></td><td></td></tr>
<tr><td colspan="6">QA检查结果：
检查人：　　　年 月 日</td></tr>
</table>

（3）设备运行记录　填写表9–4。

表9–4　设备运行记录表

设备名称：　　　　　　　　　　　　　　　　　　　　　　记录编码：

使用时间	使用人	用前情况	运行情况	用后保养情况	备 注

设备名称：　　　　　　　　　　　　　　　　　　　　　　记录编码：

使用时间	使用人	用前情况	运行情况	用后保养情况	备 注

（4）设备巡回养护记录　填写表9–5。

表9–5　设备巡回养护记录表

记录编码：

设备名称		规格型号	
维护保养内容			
更换材料	设备名称：　　　编号：		
维护保养后效果			
维修人员：		日期：	
使用部门人员：		日期：	

记录编码：

设备名称		规格型号	
维护保养内容			
更换材料	设备名称：	编号：	
维护保养后效果			
维修人员：		日期：	
使用部门人员：		日期：	

任务四　包装

工作任务单

编号	岗位	工作任务
01	内包装	铝塑包装
02	外包装	胶囊外包装
03	内包装	本岗位设备的日常养护

实训指导老师引领

（一）备料　详见实训五。

（二）生产过程

1.胶囊包装岗位标准操作

1）操作前的检查准备工作

①检查生产场地，铝塑包装机的清洁情况，查看是否上批清场合格证，确认无上次遗留物。

②检查生产现场环境温度、湿度、压差是否符合要求。

③检查设备上的状态标志牌是否为“完好”。

④接收当天班次生产所需的各项生产文件，并检查文件是否齐全。

⑤将清场合格证、已清场状态卡贴于操作记录指定的位置。

⑥以上各项操作合格后，领取QA签发的“准产证”，贴于操作记录指定的位置。

⑦仔细阅读包装指令及工艺指令，核对好从内包装室送来的胶囊品名、批号、数量，到内包材存放室领取包装材料，到外包装室领取外包材，并核对品名、规格、数量以及质量情况，检查有无合格检验报告书，并填写包装材料收发记录。

⑧从生产用具存放处领取当天生产所需的用具，从容器存放室领取当班生产所需的洁净不锈钢桶。

⑨根据指令，填写好生产状态卡，取下清洁状态卡，设备完好卡，将生产状态卡卡在操作室门上。

2）DPH-90型铝塑包装机操作过程

①拨通电源开关，打开供水阀。

②按下预热开关，加热器开关，成形温度到100℃左右。

③放置PVC硬片，稍过下步进轮。

④按下主电机启动开关，将PVC吸泡4m长后，按下主电机停止开关。

⑤将泡带装入本机各1位，稍过步进辊筒，进入冲模上的有机玻璃导板。

⑥待温控仪温度显示在150℃左右时，铺好铝箔并打加料器闸门，将加热器电机开关按下。

⑦按下主电机启动开关，合拢网纹辊桶，机器开始全面工作。

⑧待铝箔与泡板吻合后，开启料斗闸门，按下加料电机开关，加填充好的胶囊进行包装。将包装好的半成品从传递窗送入外包室。

⑨根据批包装指令指示的批号及生产日期以及产品的有效期确定有效期至的年月，用打码机将小盒打印上生产批号、有效期、生产日期，用印轮将大纸箱印上生产批号、有效期、生产日期。

⑩按批包装指令进行外包。将内包室传递来的半成品和产品说明书按包装规格装入花盒，按装箱规格装入大纸箱。

2.操作结束

（1）将尾料称重后入头尾料存放室。

（2）清点内包材，将剩余的内包材送入内包材室，并填写包装材料收发记录。

（3）停机、切断电源水源，清洁设备。将机器上的模具逐件拆下，拿到清洗室先用饮用水清洗干净，目测无上次残留物，特别是不易清洁的部位，用纯化水清洗两遍。将机器操作台外表面先用饮用水润湿的抹布擦拭两遍，目视无上次残留物，特别要注意不易清洁的部位，最后用纯化水润湿的抹布擦拭两遍。最后用75%乙醇擦拭一遍后，放在清洁工具架上晾干，若该模具不使用，晾干后应及时擦好油放入模具盒中，存放于模具室。

（4）装箱好的成品寄库，待成品检验合格后办理入库手续。

（5）清点外包材，将剩余的外包材送入外包材室，并填写包装材料收发记录。

（6）清洁生产场地，将生产操作室墙壁、天花板、灯具、门、窗等清洁干净（并应定期消毒）。

（7）填写好生产记录及清场记录。

（8）整理好记录，将过时的记录清离岗位，将已清场状态标志挂在操作室门上

注意：①操作时，当PVC薄膜和铝箔未能同时进入复合时，网纹辊与滚模必须避免接触，否则将可能损坏网辊和滚模。②工作时，须用送料辊两侧的游辊压紧泡带，以防跑带。

3.铝塑包装机的日常维护

（1）机器必须在0~27℃条件下工作，开机前必须对机器进行全面检查。

（2）开机前，按“润滑示意批示牌”上规定的润滑点加润滑油。正常工作后，按规定定时间加润滑油。

（3）机器使用前，应进行空转，检查动转正常后方可使用。

（4）要严格按操作规程进行，严禁用硬物伸入冲模，用硬物敲击滚模，垫封网辊。

（5）工作完毕，应切断电源，并待各加热部分冷却后，盖上防尘护罩。

（6）压缩机的使用与维护，参照其使用说明书。

学生练习

（一）备料

1. 填写批包装指令 见表9-6。

表9-6 批包装指令

记录编码：

产品名称		批号			规格		
包装规格		半成品数量（kg）			理论产量（袋）		
生产日期					指令生效日期		
填写依据							
填单人			复核人				
生产部					日期		
质量保证部					日期		
物料编号	物料名称	单位	数量	物料编码	物料名称	单位	数量

2. 填写领料单，并领料 见表9-7。

表9-7 领料单

记录编码： 年 月 日

领料单位				产品批号				规格	
批量				需料日期					
生产部				仓储部					
需料				送料					
编码	物料名称	单位	数量	编码	物料名称	单位	数量	批号	检验单号
领料人		发料人		送料人			收料人		

（二）操作过程

1. 操作铝塑包装机，进行胶囊内包装。

2. 外包装。

3. 铝塑包装机的日常维护。

4. 填写工作记录。

（1）内包装岗位操作记录 填写表9-8。

表9-8 操作记录表

记录编码：

<table>
<tr><td>品名</td><td></td><td>规格</td><td></td><td>批号</td><td colspan="3"></td><td colspan="2">批量</td><td colspan="3"></td></tr>
<tr><td colspan="4">操作时间</td><td>房间号</td><td colspan="8"></td></tr>
<tr><td colspan="4">生产指令</td><td colspan="9">操作记录</td></tr>
<tr><td colspan="4">A.检查生产现场是否符合工艺要求，是否有QA签字的清场合格证，将清场合格证、已清场状态标志贴到贴放处</td><td colspan="9">□ 符合 □ 不符合
□ 有清场合格证
□ 已贴</td></tr>
<tr><td colspan="4">B.检查生产现场环境是否合格</td><td colspan="9">□ 合格
温度： 相对湿度： 压差：</td></tr>
<tr><td colspan="4">C.检查电子秤是否清洁、完好</td><td colspan="9">□ 清洁 □ 完好</td></tr>
<tr><td colspan="4">D.检查当天生产的文件是否齐全</td><td colspan="9">□ 齐全</td></tr>
<tr><td colspan="4">E.填写“生产状态牌”并挂在规定的位置</td><td colspan="9">□ 已填 □ 已挂在内包门上</td></tr>
<tr><td colspan="4">F.领取QA签发的“准产证”并贴于操作记录规定的位置</td><td colspan="9">□ 已领取 □ 已贴好
A~F项操作人：</td></tr>
<tr><td colspan="4" rowspan="2">G.根据指令将胶囊充填室送来的合格的胶囊进行核对</td><td colspan="9">□ 已领取 □ 已核对</td></tr>
<tr><td colspan="9">操作人： 复核人：</td></tr>
<tr><td colspan="4">H.根据指令从内包材室领取合格的PVC和铝箔，并检查是否有合格报告单</td><td colspan="9">□ 领取 共领PVC __卷 铝箔__卷
报告单号码：
操作人：</td></tr>
<tr><td colspan="4" rowspan="5">I.按《内包装岗位标准操作规程》进行内包装，按工艺指令要求控制好装量差异、封口严密</td><td colspan="9">《内包装岗位操作标准操作规程》编码：</td></tr>
<tr><td>时间</td><td></td><td></td><td></td><td></td><td></td><td></td><td></td><td></td></tr>
<tr><td>装量</td><td></td><td></td><td></td><td></td><td></td><td></td><td></td><td></td></tr>
<tr><td>封口严密</td><td></td><td></td><td></td><td></td><td></td><td></td><td></td><td></td></tr>
<tr><td colspan="9">操作人： 复核人：</td></tr>
<tr><td colspan="4">J.将已包装的产品通过传递窗传至外包室</td><td colspan="9">□ 已传递 传递人： 接收人：</td></tr>
<tr><td colspan="4">K.按要求进行清场</td><td colspan="9">□ 已清场（见清场记录表）
操作人： 复核人：</td></tr>
<tr><td colspan="4">L.QA对生产过程的监控</td><td colspan="9">QA： 日期：</td></tr>
</table>

（2）内包装岗位清场记录（正本） 填写表9-9。

表9-9 清场记录表

记录编码：

清场前	产品名称		规格		批号	
清场项目	清场项目	操作要点		清场结果		
	物料	结料、剩余物料退料		□已交接 □已退料		
	中间产品	清点、送规定地点放置、挂状态标志		□已清点 □已挂状态标志		
	废弃物	清离现场置规定地点		□已清离		
	工艺文件	与续产品无关的清离现场		□已清离		
	工具器具	冲洗、湿抹或清扫干净、置规定地点		□已清洗		
	容器	清洗湿拖把干净、置规定地点		□已清洗		
	生产设备	设备见本色，标志符合状态要求		□已清洁 □挂“完好”标志牌		
	工作场地	清洗湿抹布或湿拖把干净，标志符合状态要求		□已清洁 □挂“已清场”标志牌		
	清洁工具	清洗干净，置规定处干燥		□已清洁		
	剩余物料	物料名称	数量	去向	交料人	接料人
			剩余量	中间站 / 退库		
	清场人		班长			
接续	产品名称		规格	批号		
QA检查结果	检查人：		年 月 日			
备注						

（3）外包装岗位操作记录 填写表9-10。

表9-10 操作记录表

记录编码：

品名		规格		批号		批量	
操作时间				房间号			
生产指令				操作记录			
A.检查生产现场是否符合工艺要求，是否有QA签字的清场合格证，将清场合格证、已清场状态标志贴到贴放处				□符合 □不符合 □有清场合格证 □已贴			

续表

<table>
<tr><td>B.领取QA签发的“准产证”并贴于操作记录规定的位置</td><td>□已领取　　□已贴好</td></tr>
<tr><td>C.热打码机是否清洁、完好，打码机的打印活字是否齐全</td><td>□清洁　□完好　□活字齐全
热打码机编码：</td></tr>
<tr><td>D.检查当天生产的文件是否齐全</td><td>□齐全</td></tr>
<tr><td>E.填写“运行状态牌”并挂在规定的位置</td><td>□已填　□已挂在操作室门上
A~E项操作人：</td></tr>
<tr><td>F.根据指令从外包材室领取并核对合格的大纸箱标签、说明书、花盒、封签、合格证，并检查是否有合格报告单，同时领取打印色带与打包带</td><td>□领取　　□已核对<table><tr><td>物料名称</td><td>物料代码</td><td>分析号码</td><td>数量</td></tr><tr><td>大纸箱</td><td></td><td></td><td></td></tr><tr><td>花盒</td><td></td><td></td><td></td></tr><tr><td>说明书</td><td></td><td></td><td></td></tr><tr><td>封签</td><td></td><td></td><td></td></tr><tr><td>合格证</td><td></td><td></td><td></td></tr></table>操作人：</td></tr>
<tr><td>G.根据指令与产品有效期，计算出有效期至的年月，将调好打码机的活字与印轮字，将花盒、标签、大纸箱打印上批号、生产日期、有效期，并检查复核打印批号、生产日期、有效期等内容是否与指令相符合</td><td>□已计算　□已调好字
□已打印　□已核对
打印人：</td></tr>
<tr><td>H.从内包室领取并核对待外包半成品</td><td>□已领取并核对
操作人：</td></tr>
<tr><td>I. 按《外包装岗位标准操作规程》将待外包产品封口、贴上打印好的标签后与说明书一起放入花盒中，贴好封签，按装箱规格装入大纸箱，放好合格证后打包</td><td>《外包装岗位标准操作规程》编码：
□已封口　　封口人：<hr>□已装说明书　□已装花盒
操作人：<hr>□已装箱并放好合格证
装箱人：<table><tr><td>合箱数</td><td>合箱批号</td><td>零头数</td></tr><tr><td></td><td></td><td></td></tr></table>□已打包　打包人：</td></tr>
<tr><td>J.填写好寄库单，将已打包的产品寄库</td><td>□已填寄库单　□已寄库
操作人：　复核人：</td></tr>
<tr><td>K.按《外包装岗位清场标准操作规程》进行清场</td><td>《外包装清场标准操作规程》
编码：
□已清场（见清场记录表）
操作人：　复核人：</td></tr>
<tr><td>L.QA对生产过程的监控</td><td>QA：　日期：</td></tr>
</table>

（4）外包装岗位清场记录（正本） 填写表9-11。

表9-11 清场记录表

记录编码：

<table>
<tr><td rowspan="3">清场前</td><td>产品名称</td><td colspan="2"></td><td>规格</td><td colspan="2"></td><td>批号</td><td></td></tr>
<tr><td>工序</td><td colspan="2"></td><td>房间号</td><td colspan="2"></td><td>数量</td><td></td></tr>
<tr><td>生产时间</td><td colspan="7">年 月 日至 年 月 日</td></tr>
<tr><td rowspan="6">清场项目</td><td>清场项目</td><td colspan="4">操作要点</td><td colspan="3">清场结果</td></tr>
<tr><td>物料</td><td colspan="4">结料、剩余物料退料</td><td colspan="3">□已交接 □已退料</td></tr>
<tr><td>中间产品</td><td colspan="4">清点、送规定地点放置、挂状态标志</td><td colspan="3">□已清点 □已挂状态标志</td></tr>
<tr><td>废弃物</td><td colspan="4">清离现场置规定地点</td><td colspan="3">□已清离</td></tr>
<tr><td>工艺文件</td><td colspan="4">与续产品无关的清离现场</td><td colspan="3">□已清离</td></tr>
<tr><td>工具器具</td><td colspan="4">冲洗、湿抹布、拖把干净，置规定地点</td><td colspan="3">□已清洗</td></tr>
<tr><td rowspan="3"></td><td>生产设备</td><td colspan="4">设备见本色，标志符合状态要求</td><td colspan="3">□已清洁 □挂“完好”标志牌</td></tr>
<tr><td>工作场地</td><td colspan="4">清洗湿抹布或湿拖把干净，标志符合状态要求</td><td colspan="3">□已清洁 □挂“已清场”标志牌</td></tr>
<tr><td>清洁工具</td><td colspan="4">清洗干净，置规定处干燥</td><td colspan="3">□已清洁</td></tr>
<tr><td rowspan="8"></td><td rowspan="7">剩余物料</td><td rowspan="2">物料名称</td><td colspan="2">数量</td><td colspan="2">去向</td><td rowspan="2">交料人</td><td rowspan="2">接料人</td></tr>
<tr><td>剩余量</td><td>报废量</td><td>中间站</td><td>退库</td></tr>
<tr><td></td><td></td><td></td><td></td><td></td><td></td><td></td></tr>
<tr><td></td><td></td><td></td><td></td><td></td><td></td><td></td></tr>
<tr><td></td><td></td><td></td><td></td><td></td><td></td><td></td></tr>
<tr><td></td><td></td><td></td><td></td><td></td><td></td><td></td></tr>
<tr><td></td><td></td><td></td><td></td><td></td><td></td><td></td></tr>
<tr><td>清场人</td><td colspan="3"></td><td>班长</td><td colspan="3"></td></tr>
<tr><td rowspan="2">接续</td><td colspan="4">产品名称</td><td>规格</td><td colspan="3">批号</td></tr>
<tr><td colspan="4"></td><td></td><td colspan="3"></td></tr>
<tr><td>QA检查结果</td><td colspan="8">检查人： 年 月 日</td></tr>
<tr><td>备注</td><td colspan="8"></td></tr>
</table>

（5）设备运行记录　填写表9-12。

表9-12　设备运行记录

设备名称：　　　　　　　　　　　　　　　　　　　　　　　　记录编码：

使用时间	使用人	用前情况	运行情况	用后保养情况	备　注

设备名称：　　　　　　　　　　　　　　　　　　　　　　　　记录编码：

使用时间	使用人	用前情况	运行情况	用后保养情况	备　注

（6）设备巡回养护记录　填写表9-13。

表9-13　设备巡回养护记录

记录编码：

设备名称		规格型号	
维护保养内容			
更换材料	设备名称：　　　　　　　编号：		
维护保养后效果			
维修人员：　　　　　　　日期：			
使用部门人员：　　　　　日期：			

记录编码：

设备名称		规格型号	
维护保养内容			
更换材料	设备名称：　　　　编号：		
维护保养后效果			
维修人员：　　　　　　　日期：			
使用部门人员：　　　　　日期：			

5. 状态标志样张　详见实训五，图5-2。

6. 关键岗位工艺控制点　填写表9-14。

表9-14 工艺控制标准

工序	质量控制点	质量控制项目	频次
粉碎过筛	原辅料	异物细度	每批
制软材	黏合剂浓度、数量、时间	外观	每批
制粒	黏合剂浓度、温度、筛网	颗粒	1次/批、班
烘干	温度、时间、清洁度	含量、水分	随时/班
整粒	筛网	颗粒	随时/班
总混	转速、装量、时间	均匀度	每批
灌装	硬胶囊	温度、湿度	随时/班
		装量差异	3~4次/班
		崩解时限	一次以上/班
		外观	随时/班
铝朔包装	封塑	水泡眼完好性、批号压痕、密封性能	随时/班
外包装	标签	内容、数量、使用记录	每批
	小盒	数量、说明书、标签	随时/班
	中盒	数量、说明书、封签	随时/班
	装箱	数量、装箱单、拼箱记载	每箱

7.设备润滑管理

（1）由设备部负责设备的巡检人员及设备岗位操作人员负责设备的润滑保养。

（2）工作中执行“五定” ①定点，指按规定的润滑部位加油；②定质，指按规定的润滑剂品种和牌号加油；③定量，指按规定的润滑量加油；④定人，每台设备的润滑都应有固定的加油负责人；⑤定时，指定时加油，定期换油。

（3）三级过滤

①合格的润滑油在注入设备润滑部位前，一般要经过贮油大桶到岗位贮油桶，岗位贮油桶到油壶，油壶到设备的注油点三级倒换，要求每倒换一次都必须进行过滤。

②对滤网要求：一级冷冻机油，压缩机油。机械油60目过滤，二级油品80目过滤。三级油品100目过滤。

③如果设备润滑部位接触药品，应使用食用油或其他符合标准的润滑剂。

④仓库负责润滑油的贮存、保管和发放。不同种类及牌号的油应分别存放，写明标记。废油分类、单独存放，避免误用。

⑤新购油品，应附有合格证。库存润滑油达3个月以上者，应经检测合格后方可使用。

⑥岗位操作人员应经常检查润滑部位的温度状况，轴承温度应保持在设备的技术要求指标内。

8.设备的日常保养　设备的日常保养是设备维护的基础，是预防事故发生的积极措施，通常在每天上班后，下班前15~30分钟由操作人员进行。通过对设备的检查、清扫和擦拭，使设备处于整齐、清洁、安全、润滑良好状态。

（1）设备应完好，部件、配件不缺失。

（2）设备使用前先进行空转，确认声音正确，润滑良好，方可正常操作。

（3）对螺丝紧固处理，以防止在使用中脱落。

（4）检查安全防护装置是否齐全、完整、安全、灵活、准确、可靠。

（5）对各传动部位进行润滑加油，检查传动系统各操作手柄、电开关位置是否正确无松动、操作灵活可靠。

（6）清洁设备各部位，使设备内外干净、滑动轨道和接合处无油污、无锈迹和无杂物，做到“漆见本色、铁见光”。

（7）严格按操作规程使用设备，经常检查，通过听、看、闻等方法观察设备的运转情况，发现问题及时处理。

（8）操作岗位要做到玻璃、门窗、地面通道洁净，轴见光、沟见底。

【考核】

（一）题目

了解NJP-200型全自动硬胶囊填充机的结构、组成、工作原理及日常维护；掌握胶囊填充岗位的岗位操作规程。

（二）完成时间

30分钟。

（三）条件与要求

实训七中的颗粒、称量设备、总混机、药典筛、全自动胶囊填充机等设备及GMP配套设施。

（四）考核内容及评分表

评价包括两方面，总分为100分。其中，职业素养与操作规范占该项目总分的20%，作品质量占该项目总分的80%。职业素养与操作规范、作品两项均需合格，总成绩评定为合格。如表9-15所示。

表9-15　硬胶囊剂的生产操作评分表

评价内容		分值	评分细则	实得分
职业素养与操作规范（20分）		10	穿工作服，不披发、化妆和佩戴首饰，得10分	
		10	保持工作环境干净、整洁，得10分	
作品（80分）	总混	20	检查总混室的清场合格证、环境温湿度，得2分	
			检查总混机已清洁标志、用75%乙醇消毒设备内表面，得2分	
			取适量的颗粒，混合，得3分	
			正确开机、关机，设置混合转速，得5分	
			倒出物料，并清场，得3分	
			熟悉总混机的安全注意事项，得5分	
	NJP-200型全自动硬胶囊填充机操作	60	送囊机构位置，得4分	
			送粉机构位置，得4分	
			填充杆位置，得4分	
			计量盘位置，得4分	
			空胶囊排序位置，得4分	
			胶囊分离工位位置及原理，得6分	
			填充工位位置，得4分	
			剔废工位位置及原理，得6分	
			锁口工位位置，得4分	
			清理工位位置，得4分	
			能正确开、关机，得10分	
			清场，得6分	

【相关知识】

1.胶囊剂的概念与特点

（1）胶囊剂系指将药物填装于空心硬质胶囊中或密封于弹性软胶囊中制成的固体

制剂。空胶囊一般均以明胶为主要原料，2012年上半年，“铬超标胶囊事件”暴发，很多投资商正在寻找明胶的替代品，湖南尔康制药公司率先推出淀粉胶囊，一些企业也曾试用甲基纤维素、海藻酸钙、PVA变性明胶以及其他高分子材料制成，以改变其溶解性或达到肠溶的目的。

（2）胶囊剂可分为硬胶囊剂和软胶囊剂两类。

（3）胶囊剂具有下列特点

①可掩盖药物不适的苦味及臭味，使其整洁、美观、容易吞服。

②药物的生物利用度高。胶囊剂与片剂、丸剂不同，制备时可不加黏合剂和压力，所以在胃肠道中崩解快，一般服后 3~10分钟即可崩解释放药物，呈效较丸剂、片剂快，吸收好；

③提高药物稳定性。如对光敏感的药物，遇湿热不稳定的药物，可装入不透光胶囊中，防护药物不受湿气和空气中氧、光线的作用，从而提高其稳定性。

④可定时定位释放药物。

2.胶囊剂的主要检测指标　溶出度、释放度、含量均匀度、微生物限度等。除另有规定外还应检查装量差异和崩解时限。

（1）装量差异

平均装量	装量差异程度
0.30g 以下	± 10%
0.30g 及 0.30g 以上	± 7.5%

（2）崩解时限　照《中国药典》（2015年版）方法检查，如检查溶出度，则不检查崩解时限。

（胡文主）

配料称量记录

年　　月　　日

<table>
<tr><td>品 名</td><td></td><td>规 格</td><td></td><td>批 号</td><td></td></tr>
<tr><td>指令单号</td><td colspan="2"></td><td>批 量</td><td colspan="2"></td></tr>
<tr><td>设备名称</td><td colspan="2"></td><td>设备编号</td><td colspan="2"></td></tr>
<tr><td>操作开始</td><td colspan="2">时　分</td><td>操作结束</td><td colspan="2">时　分</td></tr>
<tr><td colspan="3">操 作 指 令</td><td colspan="3">操 作 参 数</td></tr>
<tr><td colspan="3">1. 生产指令；清场合格证；设备完好状态标示；包装容器、物料合格证齐全方可操作</td><td colspan="3">齐全　□；不齐全　□</td></tr>
<tr><td colspan="3">2. 核对待加工物料的品名、规格、批号、数量与物料标示卡是否一致</td><td colspan="3">是　□；不是　□</td></tr>
<tr><td colspan="3" rowspan="5">3. 根据工艺要求称定各种物料。配料称量实行两人核对符合制度</td><td>物料名称</td><td>批号及生产指令单</td><td>数量</td></tr>
<tr><td></td><td></td><td></td></tr>
<tr><td></td><td></td><td></td></tr>
<tr><td></td><td></td><td></td></tr>
<tr><td></td><td></td><td></td></tr>
<tr><td colspan="3">4. 清场；执行《清场SOP》</td><td colspan="3">合格　□；不合格　□</td></tr>
<tr><td colspan="3">5. 质检员（QA）对整个操作过程进行监控</td><td colspan="3">合格　□；不合格　□</td></tr>
<tr><td colspan="6">备注：取处方量的粉碎后的___kg（量少的原料）加入等量的各种辅料在研钵（或混合机）内混合均匀，得___kg混合物，再取与混合物等量辅料___kg，在研钵（或混合机）内混合均匀，依次等量递加混合均匀。</td></tr>
<tr><td>操作人</td><td></td><td>复核人</td><td></td><td>QA</td><td></td></tr>
</table>

药品生产实训作业

班级：__________ 学号：__________ 姓 名：__________ 成 绩：__________

一、GMP基础知识

1. GMP是什么“________”（10个字概括）

2. 药品质量适用于产品生命周期中的任何阶段，强调产品是设计出来的，也是___________出来的，而不是检验出来的。

3. 判断题

（1）GMP起源于中国，故我国的GMP管理，具有世界的领先水平。（　　）

（2）GMP规定，需坚持诚实守信，禁止任何虚假、欺骗行为。（　　）

（3）药品质量标准（比如《中国药典》）越来越先进，药品的质量自然也越来越好。（　　）

（4）注射剂是比较安全的剂型，故风险比较小。（　　）

二、洁净区的管理

1. 判断题

（1）D级洁净级别要求比A级洁净级别低，口服制剂洁净区均要求D级，注射剂的洁净区均要求A级。（　　）

（2）洁净区与非洁净区之间应有压差，必须大于10Pa，相邻洁净级别的相邻房间，压差必须大于5Pa。（　　）

（3）颗粒剂的制粒、颗粒内包装、干燥、制软材四个工序均应在洁净区进行，而外包装可以在非洁净区进行。（　　）

（4）洁净走廊相对于很多房间，均装有压差表，GMP规定应大于10Pa，并且均为对洁净走廊方向吹风。（　　）

（5）D级洁净区可以设置地漏，生产时，地漏必液封，生产后，地漏必须用消毒剂（75%乙醇）液封，消毒剂没有必要更换。（　　）

（6）洁净区纯化水管道必须采用“U”型管道，避免死水和盲管，阀门应采用“卫生级隔膜阀”，药品生产实训车间的纯化水阀门也为“卫生级隔膜阀”。（　　）

（7）洁净区墙壁、顶均需采用“彩钢板”结构，防止脱落物，弯角处均采用“直角”，地面为环氧树脂自流平地坪。（　　）

（8）进入洁净区的空气必须经过净化，需经过“初效”“中效”“高效”三重过滤，高效过滤器的孔径一般为0.22 μm，可以阻挡细菌、芽孢及大微粒进入（　　）

（9）高效过滤器一般装在洁净区进风口位置，如果污染，可更换符合要求的高效过滤器，一般不推荐清洗。（　　）

（10）GMP规定，洁净区温度要求为18~26℃，湿度要求为45%~65%（　　）

2. 问答题（结合操作）

（1）简述物料进入洁净区的流程。

（2）简述人员进入洁净区的流程。

三、公用系统的操作（纯化水系统、空调系统）

1. 简述纯化水的用途。

2. 简述纯化水的制备流程。（用箭头表示）

3. 保安过滤器、终端过滤器的孔径约为多少，而RO膜的孔径约为多少。

4. 现场题

（1）原水的电导率为____、一级纯化水的电导率为____、二级纯化水的电导率为____；保安过滤器的压力为____、终端过滤器的压力为____。进一级RO膜的压力为____、出一级RO膜的压力为____，进二级RO膜的压力为____、出二级RO膜的压力为____。

一级纯水的流速为____升/分钟，一级浓水的流速为____升/分钟。

二级纯水的流速为____升/分钟，二级纯水的流速为____升/分钟。

输送车间的高纯水的流速为____升/分钟。

（2）一级纯水箱、二级纯水箱的顶端均装有一个过滤器，主要起什么作用（简要说明）

四、中药前处理

1. 简述中药前处理的流程。

2. 判断题

（1）中药投料的处方中的药材应为净药材（经过处理过的中药材）。（　　）

（2）任何中药材制成中成药，均要提取处理。（　　）

（3）药品生产实训车间的提取设备可以用于中药挥发油的提取。（　　）

（4）药品生产实训车间的提取设备可以用于减压浓缩。（　　）

（5）药品生产实训车间的提取设备是采用蒸汽加热，不需要通电。（　　）

（6）连接加热夹层的安全阀主要是防止提取药液时夹层中产生的蒸汽压力过大而设置。（　　）

3. 填空：提取加热的设置温度为____℃，浓缩加热的设置温度为____℃

4. 简述操作中药前处理——提取设备的操作注意事项。

5. 煎煮法（水蒸气蒸馏法、回流法）提取中药材的适应范围和操作步骤。（口述题）

五、颗粒剂的制备（称量、混合制软材、制颗粒、干燥）

1. 现场题

（1）粉碎筛分室的设备名称及型号。（写出设备名称和型号）________、________。

（2）固体制剂的一批的量（批量），一般由哪台设备决定，写出它的设备名称及型号________。

例如：口服或外用的固体、半固体制剂在成型或分装前使用同一台混合设备一次混合所生产的均质产品为一批；口服或外用的液体制剂以灌装（封）前经最后混合的药液所生产的均质产品为一批。

（3）颗粒剂制软材是用哪台设备（设备的名称及型号）________。

（4）药品生产实训车间的制粒设备名称及型号________，制粒属于________制粒方法。

（5）颗粒剂干燥一般设置的温度为_____℃，但必须根据药品生产工艺要求设置干燥温度。

（6）瓶包装室的设备名称及型号。____________、____________。

（7）判断题：空心胶囊属于包装材料（　　）

2. 生产记录

（1）生产前检查（检查清场合格证）

a. 检查混合机内表面是否干净。　　是□　否□（在“□”打“√”）

b. 检查颗粒机内表面是否干净。　　是□　否□（在“□”打“√”）

c. 检查设备外表面、地面、墙壁是否干净。　　是□　否□（在“□”打“√”）

d. 检查设备是否“完好”。　　是□　否□（在“□”打“√”）

e. 检查地漏是否干净，是否液封。　　是□　否□（在“□”打“√”）

f. 更换“正在生产”状态标识。

g. 设备内表面消毒（用75%乙醇擦拭设备内表面）。

（2）称量配料：按处方要求称取（称量室）

a. 称量室　温度：________　湿度：________（是否符合工艺要求，是口 否口）

b. 称量原辅料　　淀粉 500g　　糊精 200g

记录：皮重（不锈钢盘）：______g，加淀粉至：______g，加糊精至______g。

称量人（签字）：______，复核人（签字）：______，QA（签字）：______。

（3）混合制软材

温度：______　　湿度：______（是否符合工艺要求，是□　否□）

将称好的原辅料倒入混合机，混合5分钟

（检查水分，可以经验判定“紧握成团，轻按即散”）

开始混合时间：______，混合结束时间：______

（4）制湿颗粒

制粒室　　温度：______　湿度：______（是否符合工艺要求，是□　　否□）

装好筛网，开始制粒。

（5）干燥　设置干燥温度：______，干燥时间：2小时

（6）清场

a. 检查混合机内表面是否干净。　　　　是□　否□（在“□”打“√”）

b. 检查颗粒机内表面是否干净。　　　　是□　否□（在“□”打“√”）

c. 检查设备外表面、地面、墙壁是否干净。　是□　否□（在“□”打“√”）

d. 检查地漏是否干净，是否用消毒剂液封。　是□　否□（在“□”打“√”）

（7）QA填写清场合格证（悬挂于门上醒目的位置）

六、压片、颗粒分装、胶囊填充

1. 整粒　整粒设备名称：______

药典筛整粒　上面为　______号筛，下面为______号筛

2. 总混　总混设备名称：________，设置转数：50转/分钟，混合时间3分钟。

3. 压片　简述单冲压片机、多冲压片机的结构原理，如何调节装量、片重，如何安装上、下冲、冲模。

每组称量5片，记录每片的重量（g）：________________________________。

求平均片重________。片重差异（合格 □　不合格 □）（药品标准上规定是取20片称量）

（参照药品生产实训车间内控标准：±4.0%，不得有一片超过此限度）

3. 颗粒分装机：____________　设备名称：______________

纵封温度为：____________　横封温度为：____________

每组称量5袋，记录每袋（净重）的重量（g）：________________________。

求平均装量________装量差异（合格□　　不合格□）

（参照标准：装量差异 1.5~6.0g为 ±7.0%）

指出颗粒分装机各部分的作用（口述题）

4. 胶囊填充机　　设备名称：________

每组称量5粒，记录每粒（净重）的重量（g）：________________________。

求平均装量________　装量差异（合格 □　　不合格 □）

（参照标准：装量差异0.30g以下为 ±10%；0.30g及0.30g以上为 ±7.5%）

指出胶囊填充机各部分的作用。（口述题）

七、丸剂的制备

1.生产记录

（1）生产前确认

a.检查制丸机内表面是否干净。 是□ 否 □（在“□”打“√”）

b.检查设备外表面、地面、墙壁是否干净。 是□ 否 □（在“□”打“√”）

c.检查设备是否“完好”。 是□ 否 □（在“□”打“√”）

d.检查地漏是否干净，是否液封。 是□ 否 □（在“□”打“√”）

（2）设备内表面消毒（用75%的乙醇擦拭设备内表面）

（3）按处方要求称取（称量室）

a.称量室 温度：________ 湿度：________（是否符合工艺要求，是口 否口）

b.称量原辅料

①淀粉 50g（制成淀粉浆，做黏合剂）

记录：皮重______g，加淀粉至______g

②淀粉 150g 糊精50g

记录：皮重（不锈钢盘）______g，加淀粉至______g，加糊精至______g。

称量人（签字）：________，复核人（签字）：________，QA（签字）：________。

（4）塑制法制丸机

写出塑制法制丸的工艺流程：

____

制丸室 温度：________ 湿度：________（是否符合工艺要求，是□ 否□）

将称好的淀粉50g倒入纯化水中，加热搅拌，至糊状，冷却。

与②中的淀粉和糊精混合“制坨”，挤丸条，制丸。

（5）制丸机（泛制法）（包衣室）

写出泛制法制丸的流程：

____

练习：起模（模子）、泛丸

（6）清场

a. 检查制丸机内表面是否干净。　　　　　是☐　否☐（在“☐”打“√”）

b. 检查包衣机内表面是否干净。　　　　　是☐　否☐（在“☐”打“√”）

c. 检查设备外表面、地面、墙壁是否干净。　是☐　否☐（在“☐”打“√”）

d. 检查地漏是否干净，是否用消毒剂液封。　是☐　否☐（在“☐”打“√”）

（7）QA填写清场合格证（贴在门上）

部分生产用状态标识（可裁剪下来，供实训时使用）

正在生产 编　码：SYZX-01-001 岗位名称：______ 产品名称：______ 批　号：____ 规　格：____ 生 产 者：____ 复 核 者：____ 生产日期：______ QA监督员：______	清场合格证 编　码：SYZX-01-002 清场前生产品名：______ 批　号：____ 规　格：____ 调换品种名称：______ 批　号：____ 规　格：____ 原生产日期：______ 清 场 者：____ 复 核 者：____ 清场日期：____ 有 效 期：____ QA监督员：______
物料标签 编　码：SYZX-01-003 品　名：______ 规　格：______ 批　号：______ 数　量：______ 生 产 者：______ 复 核 者：______ 生产日期：______ 复验期（有效期）：______	物料标签 编　码：SYZX-01-003 品　名：______ 规　格：______ 批　号：______ 数　量：______ 生 产 者：______ 复 核 者：______ 生产日期：______ 复验期（有效期）：______
设备状态标志（已清洁） 设备名称：____设备编号：____ 上次品种：____批号：____ 清场人：____清场时间：____ 检查人（QA）：____时间：____ 有效期：____	设备状态标志（正在运行） 设备名称：____设备编号：____ 生产品种：____生产批号：____
设备状态标志（已清洁） 设备名称：____设备编号：____ 上次品种：____批号：____ 清场人：____清场时间：____ 检查人（QA）：____时间：____ 有效期：____	设备状态标志（正在运行） 设备名称：____设备编号：____ 生产品种：____生产批号：____

部分生产用状态标识（可裁剪下来，供实训时使用）

正在生产 编　　码：SYZX-01-001 岗位名称：______ 产品名称：______ 批　　号：______　规　　格：______ 生 产 者：______　复 核 者：______ 生产日期：______ QA监督员：______	清场合格证 编　　码：SYZX-01-002 清场前生产品名：______ 批　　号：______　规　　格：______ 调换品种名称：______ 批　号：______　规　格：______ 原生产日期：______ 清 场 者：______　复 核 者：______ 清场日期：______　有 效 期：______ QA监督员：______
物料标签 编　　码：SYZX-01-003 品　　名：______ 规　　格：______ 批　　号：______ 数　　量：______ 生 产 者：______ 复 核 者：______ 生产日期：______ 复 验 期（有效期）：______	物料标签 编　　码：SYZX-01-003 品　　名：______ 规　　格：______ 批　　号：______ 数　　量：______ 生 产 者：______ 复 核 者：______ 生产日期：______ 复 验 期（有效期）：______
设备状态标志（已清洁） 设备名称：______设备编号：______ 上次品种：______批号：______ 清场人：______清场时间：______ 检查人（QA）：______时间：______ 有效期：______	设备状态标志（正在运行） 设备名称：______设备编号：______ 生产品种：______生产批号：______
设备状态标志（已清洁） 设备名称：______设备编号：______ 上次品种：______批号：______ 清场人：______清场时间：______ 检查人（QA）：______时间：______ 有效期：______	设备状态标志（正在运行） 设备名称：______设备编号：______ 生产品种：______生产批号：______

部分生产用状态标识（可裁剪下来，供实训时使用）

正在生产 编　　码：SYZX-01-001 岗位名称：__________ 产品名称：__________ 批　　号：______规　　格：______ 生 产 者：______复 核 者：______ 生产日期：__________ QA监督员：__________	清场合格证 编　　码：SYZX-01-002 清场前生产品名：__________ 批　　号：______规　　格：______ 调换品种名称：__________ 批　　号：______规　　格：______ 原生产日期：__________ 清 场 者：______复核者：______ 清场日期：______有效期：______ QA监督员：__________
物料标签 编　　码：SYZX-01-003 品　　名：__________ 规　　格：__________ 批　　号：__________ 数　　量：__________ 生 产 者：__________ 复 核 者：__________ 生产日期：__________ 复 验 期（有效期）：__________	物料标签 编　　码：SYZX-01-003 品　　名：__________ 规　　格：__________ 批　　号：__________ 数　　量：__________ 生 产 者：__________ 复 核 者：__________ 生产日期：__________ 复 验 期（有效期）：__________
设备状态标志（已清洁） 设备名称：______设备编号：______ 上次品种：______批号：______ 清场人：__________清场时间：______ 检查人（QA）：______时间：______ 有效期：______	设备状态标志（正在运行） 设备名称：______设备编号：______ 生产品种：______生产批号：______
设备状态标志（已清洁） 设备名称：______设备编号：______ 上次品种：______批号：______ 清场人：__________清场时间：______ 检查人（QA）：______时间：______ 有效期：______	设备状态标志（正在运行） 设备名称：______设备编号：______ 生产品种：______生产批号：______

附录

附录1　药品生产实训车间日常管理规定

1.目的　为了规范药品生产实训车间日常管理，提高实验实训室人员的工作效率和学生学习效果，制定此管理规定。

2.适应范围　适用于进入药品生产实训车间洁净区的所有人员。

3.责任人　车间管理人员。

4.内容

（1）安全制度

①着装要求　在实训区域必须穿工作服，洁净区穿鞋套或洁净鞋。如有参观人员，提前通知相关负责人。

②进食　禁止在药品生产实训车间内进食等。

③门窗　上班开门、窗，下班锁门关窗。

④纪律　在药品生产实训车间要集中注意力，学生做实训需保持严肃、认真；不推搡、不嬉戏、不追赶、不打闹。

⑤火源　药品生产实训车间水、电、火源由使用者负责，严禁在药品生产实训车间和楼道内吸烟，使用火源应做到人不远离，停电时，应关闭电源开关，离开车间前应认真检查门、窗、电等，确保安全。

⑥检查　定期检查消防设备，按时更换，放置位置要方便使用，不得随意挪动。

（2）仪器管理

①操作人员使用设备时必须严格按照使用方法操作，不得私自操作，使用完成后将仪器整理干净，放回原位，保持仪器关闭状态。

②车间设备保证贴有统一标志，对合格、准用、停用设备严格区分，绝不违规使用，设备损坏时需及时联系专人修理，修理产生费用填写报销单进行统一报销。对于新购进的设备需进行校准，并贴标、填写仪器档案。

③操作人员工作中要严格遵守操作规程，仪器设备专人负责，经常检查、维护和保养。保证安全运转。下班前管理员必须锁门、关窗、断电。

④药品生产实训车间内仪器设备应有规范标签，排放整齐。易燃、易爆物品应规

范存贮，数量适当。

（3）卫生制度

①药品生产实训车间卫生由实训指导教师负责，每天实训结束安排学生清场和清洁。做到地面、墙面、设备、操作台光洁明亮，地漏清洁，清洁工具清洗干净摆放整洁。

②进入洁净区必须更换鞋和工作服，保持洁净区整洁。洁净区用鞋和工作服严禁在洁净区外使用，并要定期清洗，保持洁净。

③保持室内桌面、地面、门窗、仪器设备整齐无尘，室内陈设干净整齐。实训完毕后保持设备关闭和车间卫生整洁，及时填写清场状态卡、更换设备状态卡。

④车间严禁吸烟和随地吐痰。废纸及其他物品禁止扔在车间。

附录2　空调系统操作规程

1.目的　规范空调机组的操作程序，保证空调机组安全有效运行。

2.适用范围　空调机组的开停机操作

3.职责　值班员负责空调主机的开停机操作及机组运行时的监控。

4.开机操作流程

（1）打开空调总电源。

（2）将空调机箱钥匙向右旋转（打开电源）。

（3）等待10秒，按“开关”按钮；空调处于运转状态。

（4）做好启动与运行参数记录。

1）记录数据　启动状态：________进风口温度：________回风口温度：________。

必要时可以进行参数设置：按“参数”按钮，进入“使用参数设置”，需输入密码：*****

排风、制冷、制热三种模式，一般选择“排风”，夏天选择“制冷”，冬天选择“制热”，还可以根据需要设置制冷、制热的温度。

2）运行中检查

①系统进入正常运转后，每隔1小时进行运行检查一次温度、湿度，并做好记录。

②检查初效段压差、中效段压差。（如果发现压差异常，请清洗滤网和更换滤网。）

记录数据：

记录时间：__________

记录点1：__________温度：__________湿度：__________压差：__________

记录点2：__________温度：__________湿度：__________压差：__________

初效段压差：__________中效段压差：__________

5.停机操作流程

（1）按下“开关”按钮，等待1分钟，空调停止运行。

（2）将空调机箱钥匙向左旋转（关闭电源）。

（3）关闭空调总电源。

（4）管理人员记录空调运行。

附录3　微生物基础知识

本部分主要介绍微生物的概念、分类、分布、微生物的种类、微生物与GMP之间的关系及日常生产过程中防止微生物污染的措施。同时纳入车间微生物排查隐患及解决措施。

一、概念

微生物是个体直径小于1mm的生物的总体。微生物种类繁多，包括细菌、病毒、原生动物、很多藻类和真菌及一些多细胞动物等。个体微小，结构简单，肉眼看不见，须借助光学或电子显微镜才能看见的生物。

二、微生物简单分类

病毒、细菌、真菌。

三、微生物的分布

微生物在自然界中分布很广，无论在土壤、水、空气、物体表面以及生物机体的体表及与外界相通的腔道中都有微生物的存在。

1.土壤中的微生物　每克土壤中含几亿甚至几十亿个。

2.水中的微生物　水为传染病的主要传播媒介。水是人类生活必不可少的，受病原微生物污染的水，常可成为传染源，引起传染病的流行，所以水源的检查与管理在卫生学上是十分重要的。由于水中含有微生物，制剂用水必须用新鲜的蒸馏水，以免污染微生物产生热原质。

卫生标准：每1ml饮水中细菌总数不得超过100个。

3.空气中的微生物　空气中的微生物来自土壤尘埃或人和动物的呼吸道及口腔排出物。空气不适于微生物的生存，因空气中缺乏营养，且有日光照射，故微生物的数量较少。

4.微生物在正常人体的分布　人的体表与外界环境密切接触，常附着有各种各样的微生物，如细菌、放线菌和真菌等。人的呼吸道、消化道及泌尿生殖道等都可能存在各种微生物。

四、微生物的危害

微生物中也有一部分能引起人或动植物病害，这些具有治病性的微生物，称为病原微生物。如人类的许多传染病（如感冒、伤寒、痢疾、结核、脊髓灰质炎、病毒性肝炎等），均是由病原微生物引起的。

从药品生产的卫生学而言，微生物对药品原料、生产环境和成品的污染是造成生产失败、成品不合格、直接或间接对人类造成危害的重要因素。

五、GMP与微生物

1.**推行GMP目的** 消灭污染、混药、差错。

2.**污染的定义** 当一个产品存在有不需要的物质时，它即受到污染。

3.**污染的形式** 尘粒污染、微生物污染。

4.**尘粒污染** 车间产尘量较大的区域有称量区、粉碎区、压片区、配方区、充填区。

5.**尘粒污染** 是指产品因混入不属于它的那些尘粒而变得不纯净。尘埃、污物、棉绒、纤维以及我们的头发都是尘粒污染的潜在原因。

6.**微生物污染** 指因微生物产生、附着而给特定的环境带来的不良影响。

如果细菌得到了必要的养料、一定量的水分和合适的温度，它们就能迅速繁殖，它们繁殖的速度快得惊人。通常一个细菌在仅仅24小时后可产生出281兆（百万）个的细菌。

六、传播污染的四大媒介

1.**空气** 空气并不是产生污染的介质，但它是污染的危险携带者。充满微生物的尘埃和水滴就是通过空气作为侵袭我们产品的媒介而成为重要的污染源的。当我们谈话、咳嗽和打喷嚏时，被污染的水滴正是不断地从我们的呼吸道中放入我们的工作场所。尘埃微粒正是通过空气流不间断地在我们整个药厂范围循环运行着。空气中存在的尘埃微粒是含有微生物（细菌等）的。因此，空气是侵袭我们产品的污染物的主要媒介。这就是为什么要尽量保持空气洁净是极为重要的。

2.**水** 从理论上来讲，微生物在纯水中是不能生长的。但是，所有的各类水，不管怎样仔细地蒸馏或过滤，总会含有一定量的可溶性有机物和盐类。正是这些可溶性的物质可被微生物利用作为它们生长的养料源泉。在生产过程中，水是应用最广泛的原料之一。这就是为什么我们药厂的卫生规程不仅必须仔细地控制生产用水，而且要控制好如何正确地用水来清洗我们的设备。

3.表面 包括天花板、墙壁、地面、设备、容器、工具或桌子。由于空气中的湿度，所有表面都包上一层含水的薄膜。这层薄膜由于静电吸引而饱含尘埃微粒，有很多时候，表面还覆盖一层油状物质，此层油膜易受到尘粒污染。表面因尘埃微粒和微生物由空气传播的回降而受到污染。一个表面看起来很干净，而实际上已经被千百万个微生物所污染，除非已经做了正确的消毒灭菌。

4.人 人是最常见的传染源。事实上，人们常说，人是药厂中最不清洁的成分，最大的污染源。人体是一个永不休止的污染媒介。当您每天来药厂上班时，您也许随身将几百万细菌带入工厂。

以下举出一些由人把污染带入工作场所的一些途径和方式。

（1）人的头发和皮肤 严格按SOP要求进行更衣，确保所穿工作服必须包裹所有头发等要求。

（2）水滴 呼吸和咳嗽将产生出大量水滴，这种水滴既含有尘粒污染也含有微生物污染。口腔是对污染最为敏感的地区。一次咳嗽或喷嚏将把千百万个微生物引入工作环境内。

（3）衣着 从可洗涤的纺织物中，可能散发出棉绒和淀粉粒。而从羊毛、开司米和其他松软的针纺织物中也可能散落出纤维和磨损下的微粒。污染也可能通过我们的鞋子进入工作场所。（严格按照SOP的要求对工作服及工作鞋进行清洁，并按SOP规定的人员净化程序进行更衣）

（4）化妆品和珠宝首饰 发胶、气雾除臭剂、面箱、香粉等，为微生物污染提供了极好的源泉。耳环、戒指、项链、手链能传播微生物污染。如果，一小片珠宝碎片落入一批产品中，则可能引起严重的尘粒污染。（严格按SOP中规定的要求进入洁净区不允许化妆，不允许涂粉质化妆品，不允许配戴首饰。）

（5）生产过程中由人引起的混杂和误差 由人引起的污染也可能来自于生产过程中出现的混杂和误差。例如，当员工没有按照SOP进行工作时，车间的污染程度增加。让产品容器不加盖地存放，将导致产品污染。

七、防止药物制剂污染的措施

1.加强药物生产的技术管理

（1）制药用水，注射液要用新鲜的注射用水。

（2）在整个药剂制备中，应注意无菌操作，尽量减少污染，如制剂室的空气、制药用具、玻璃器具瓶塞、装注射剂的安瓿与玻瓶应完全无菌。

（3）应当强调工作人员对微生物的危害应有正确的认识，因此要求人员无传染病、体表无伤口，操作前要洗手或消毒手部皮肤，要穿戴工作衣帽和口罩，并进行正规操作，严格按卫生SOP等进行操作。

2. 使用合适的防腐与抑菌剂。

3. 合理的包装设计与合理贮存，各种药剂制作，都应按要求进行防腐或灭菌，然后放在干燥、冷暗处贮藏，有的应在冰箱中保存。

4. 生产前开启紫外灯灭菌。

5. 生产结束后，岗位人员须彻底清洁生产现场和设备表面。

6. 生产结束后，灭菌人员须用消毒剂擦拭顶（包括高效送风口）、墙壁、地面等，并开启紫外灯。

7. 每月定期进行一次大消毒。

8. 对卫生死角进行定期清洁。如，工具柜后面、推车、布袋、楼梯、日常用工具、铲刀、剪刀、回风口、门缝、电子秤及电子天平、设备管道、筛网、清洁用工器具、压差计表面、更衣室的转换凳、更衣室的更衣、更鞋柜上方等部位。

八、微生物与药物变质的关系

药物被微生物污染后，在适宜的条件下，微生物繁殖，引起药物降低和变质，降低疗效，有的引起发热或感染，因此防止和消除微生物的污染是保证药品质量的重要方面。产品的污染可来自原料、药厂设备、大气、操作人员以及包装的容器等，污染的产品即使再经消毒，也会残留，如革兰阴性菌的热原物质等，消毒时均不易破坏。

九、药品生产人员卫生注意事项

1. 新进人员的健康检查　药品生产企业在招收新职工时，一定要对新职工进行全面的健康检查，要确保新进厂的职工不患有急性或慢性传染病。另外还要根据新进职工安排的具体岗位性质再确定其他具体检查的项目。

2. 建立生产人员健康档案　药品生产企业应对职工建立个人健康档案，以便于检查、了解、追踪个人健康好坏的状况。培养药品生产人员良好的个人卫生习惯。

十、如何培养良好的个人卫生习惯

1.勤洗手、勤剪指甲。

2.定期洗澡、勤理发。

3.勤换衣服、勤洗工作服。

4.在生产区内做到禁止吃东西、禁止吸烟、禁止大声喧哗。

十一、洁净区生产人员要求

1.洁净区工作人员要尽可能少，只有工作需要时才能进入。

2.操作人员在洁净区动作尽量要缓慢，避免剧烈运动，以减少粉尘量。

3.洁净区的门应关紧，避免不必要的移动，以保持洁净区的风速、风量、风型和风压。

十二、消毒和灭菌

1.消毒　杀灭有害微生物。

2.常用消毒剂　新洁尔灭、医用酒精。

3.灭菌　杀灭所有微生物。

4.常用灭菌方法　物理法（干热、温热、紫外）、化学法（甲醛熏蒸等）。

附录4 相关术语

1. **包装** 待包装产品变成成品所需的所有操作步骤，包括分装、贴签等。但无菌生产工艺中产品的无菌灌装，以及最终灭菌产品的灌装等不视为包装。

2. **包装材料** 药品包装所用的材料，包括与药品直接接触的包装材料和容器、印刷包装材料，但不包括发运外包材料。

3. **操作规程** 经批准用来指导设备操作、维护与清洁、验证、环境控制、取样和检验等药品生产活动的通用性文件，也称标准操作规程。

4. **产品** 包括药品的中间产品、待包装产品和成品。

5. **产品生命周期** 产品从最初的研发、上市直至退市的所有阶段。

6. **成品** 已完成所有生产操作步骤和最终包装的产品。

7. **重新加工** 将某一生产工序生产的不符合质量标准的一批中间产品或待包装产品的一部分或全部，采用不同的生产工艺进行再加工，以符合预定的质量标准。

8. **待包装产品** 尚未进行包装但已完成所有其他加工工序的产品。

9. **待验** 指原辅料、包装材料、中间产品、待包装产品或成品，采用物理手段或其他有效方式将其隔离或区分，在允许用于投料生产或上市销售之前储存、等待作出放行决定的状态。

10. **发放** 指生产过程中物料、中间产品、待包装产品、文件、生产用模具等在企业内部流转的一系列操作。

11. **复验期** 原辅料、包装材料贮存一定时间后，为确保其仍适用于预定用途，由企业确定的需重新检验的日期。

12. **发运** 指企业将产品发送到经销商或用户的一系列操作，包括配货、运输等。

13. **返工** 将某一生产工序生产的不符合质量标准的一批中间产品或待包装产品、成品的一部分或全部返回到之前的工序，采用相同的生产工艺进行再加工，以符合预定的质量标准。

14. **放行** 对一批物料或产品进行质量评价，做出批准使用或投放市场或其他决定的操作。

15. **高层管理人员** 在企业内部最高层指挥和控制企业、具有调动资源的权力和职责的人员。

16. **工艺规程** 为生产特定数量的成品而制定的一个或一套文件，包括生产处方、生产操作要求和包装操作要求，规定原辅料和包装材料的数量、工艺参数和条件、加工说明（包括中间控制）、注意事项等内容。

17. **供应商** 指物料、设备、仪器、试剂、服务等的提供方，如生产商、经销商等。

18. **回收** 在某一特定的生产阶段，将以前生产的一批或数批符合相应质量要求的产品的一部分或全部，加入到另一批次中的操作。

19. **计算机化系统** 用于报告或自动控制的集成系统，包括数据输入、电子处理和信息输出。

20. **交叉污染** 不同原料、辅料及产品之间发生的相互污染。

21. **校准** 在规定条件下，确定测量、记录、控制仪器或系统的示值（尤指称量）或实物量具所代表的量值，与对应的参照标准量值之间关系的一系列活动。

22. **阶段性生产方式** 指在共用生产区内，在一段时间内集中生产某一产品，再对相应的共用生产区、设施、设备、工器具等进行彻底清洁，更换生产另一种产品的方式。

23. **洁净区** 需要对环境中尘粒及微生物数量进行控制的房间（区域），其建筑结构、装备及其使用应当能够减少该区域内污染物的引入、产生和滞留。

24. **警戒限度** 系统的关键参数超出正常范围，但未达到纠偏限度，需要引起警觉，可能需要采取纠正措施的限度标准。

25. **纠偏限度** 系统的关键参数超出可接受标准，需要进行调查并采取纠正措施的限度标准。

26. **检验结果超标** 检验结果超出法定标准及企业制定标准的所有情形。

27. **批** 经一个或若干加工过程生产的、具有预期均一质量和特性的一定数量的原辅料、包装材料或成品。为完成某些生产操作步骤，可能有必要将一批产品分成若干亚批，最终合并成为一个均一的批。在连续生产情况下，批必须与生产中具有预期均一特性的确定数量的产品相对应，批量可以是固定数量或固定时间段内生产的产品量。

28. **批号** 用于识别一个特定批的具有唯一性的数字和（或）字母的组合。

29. **批记录** 用于记述每批药品生产、质量检验和放行审核的所有文件和记录，可追溯所有与成品质量有关的历史信息。

30. **气锁间** 设置于两个或数个房间之间（如不同洁净度级别的房间之间）的具有

两扇或多扇门的隔离空间。设置气锁间的目的是在人员或物料出入时，对气流进行控制。气锁间有人员气锁间和物料气锁间。

31. **企业** 在本规范中如无特别说明，企业特指药品生产企业。

32. **确认** 证明厂房、设施、设备能正确运行并可达到预期结果的一系列活动。

33. **退货** 将药品退还给企业的活动。

34. **文件** 本规范所指的文件包括质量标准、工艺规程、操作规程、记录、报告等。

35. **物料** 指原料、辅料和包装材料等。

例如：化学药品制剂的原料是指原料药；生物制品的原料是指原材料；中药制剂的原料是指中药材、中药饮片和外购中药提取物；原料药的原料是指用于原料药生产的除包装材料以外的其他物料。

36. **物料平衡** 产品或物料实际产量或实际用量及收集到的损耗之和与理论产量或理论用量之间的比较，并考虑可允许的偏差范围。

37. **污染** 在生产、取样、包装或重新包装、贮存或运输等操作过程中，原辅料、中间产品、待包装产品、成品受到具有化学或微生物特性的杂质或异物的不利影响。

38. **验证** 证明任何操作规程（或方法）、生产工艺或系统能够达到预期结果的一系列活动。

39. **印刷包装材料** 指具有特定式样和印刷内容的包装材料，如印字铝箔、标签、说明书、纸盒等。

40. **原辅料** 除包装材料之外，药品生产中使用的任何物料。

41. **中间产品** 指完成部分加工步骤的产品，尚需进一步加工方可成为待包装产品。

42. **中间控制** 也称过程控制，指为确保产品符合有关标准，生产中对工艺过程加以监控，以便在必要时进行调节而做的各项检查。可将对环境或设备控制视作中间控制的一部分。

43. SOP 标准作业程序（Standard Operating Procedure），是指在有限时间与资源内，为了执行复杂的事务而设计的内部程序。从管理学的角度来看，标准作业程序能够缩短新进人员面对不熟练且复杂的学习时间，只要按照步骤指示就能避免失误与疏忽。在我国GMP领域，也叫作标准操作规程。

44. QA 质量保证（quality assurance），为了提供足够的信任表明实体能够满足质量要求，而在质量管理体系中实施并根据需要进行证实的全部有计划和有系统的活动。

在我国GMP领域，一些单位设置相关的部门或岗位，负责GMP所要求的有关质量保证的职能，担任这类工作的人员就叫作QA人员。

45. QC　质量控制（quality control），在质量方面指挥和控制组织的协调的活动，是质量管理的一部分，致力于满足质量要求。在我国GMP领域，一些单位设置相关的部门或岗位，负责GMP所要求的有关质量控制的职能，担任这类工作的人员就叫作QC人员。

46. CAPA　纠正和预防措施（corrective action & preventive action，CAPA），是指对存在的或潜在的不合格原因进行调查分析，采取措施以防止问题再发生或避免发生的全部活动。纠正和预防不仅是就事论事的对不合格的处理，而要从根本上消除产生不合格的原因，因此纠正和预防措施可能涉及影响产品质量和质量体系的各方面活动。

47. **生产负责人**　包括分管生产的副总（或生产总监）、生产部经理（含副经理）、车间主任。

48. **质量负责人**　包括分管质量的副总（或质量总监、质量总工程师）、质量部经理、QA主任、QC主任。

生产负责人和质量负责人不能相互兼任。

附录5　药物制剂工职业技能标准

1.职业概况

（1）职业名称　药物制剂工。

（2）职业定义　操作药物制剂设备、器具，在特定的条件下，将原料药加工成符合医用药品的人员。

（3）职业等级　本职业共设四个等级，分别为：初级（国家职业资格五级）、中级（国家职业资格四级）、高级（国家职业资格三级）、技师（国家职业资格二级）。

（4）职业环境　室内有一定温度、湿度，压差、空气净化等级要求或其他要求可参见现行版的《药品生产质量管理规范》。

（5）职业能力特征　具有一定的空间感和形体知觉；手指、手臂灵活，动作协调；色、味、嗅、听等感官正常，具有一定的观察、判断、理解、计算和表达能力。

（6）基本文化程度　高中毕业或同等学力。

（7）培训要求

①培训期限　全日制职业学校教育，根据其培养目标和教学计划确定。晋级培训期限：初级、中级不少于300标准学时；高级和技师不少于200标准学时。

②培训教师　培训初、中、高级的教师应具有本职业技师及以上职业资格证书或相关专业中级及以上专业技术职务任职资格；培训技师的教师应具有本职业技师职业资格证书2年以上或相关专业高级专业技术职务任职资格。

③培训场地设备　满足教学需要的标准教室，具有压片机、制粒机、混合机、软胶囊机、胶囊填充机、口服液灌装设备、注射剂灌装设备、包衣机等相应的药物制剂设备及必要的场地。

（8）鉴定要求

1）适用对象　从事或准备从事本职业的人员。

2）申报条件

①初级　具备以下条件之一者：经本职业初级正规培训达规定标准学时数，并取得毕（结）业证书；从事本职业学徒期满；连续从事本职业2年以上。

②中级　具备以下条件之一者：取得本职业初级职业资格证书后，连续从事本职业工作3年以上，经本职业中级正规培训达规定标准学时数，并取得毕（结）业证书；取得本职业初级职业资格证书后，连续从事本职业工作4年以上；连续从事本职业工作5年以上；取得经人力资源和社会保障局审核认定的、以中级技能为培养目标的中等以上职业学校药学专业毕业证书。

③高级　具备以下条件之一者：取得本职业中级职业资格证书后，连续从事本职业工作4年以上，经本职业高级正规培训达规定标准学时数，并取得毕（结）业证书；取得本职业中级职业资格证书后，连续从事本职业工作6年以上；取得高级技工学校或经人力资源和社会保障局审核认定的、以高级技能为培养目标的高等职业学校本职业（专业）毕业证书；取得本职业中级职业资格证书的大专以上本专业或相关专业毕业生，连续从事本职业工作2年以上。

④技师　具备以下条件之一者：取得本职业高级职业资格证书后，连续从事本职业工作5年以上，经本职业技师正规培训达规定标准学时数，并取得毕（结）业证书；取得本职业高级职业资格证书后，连续从事本职业工作7年以上；取得本职业高级职业资格证书的高级技工学校本职业（专业）毕业生或大专以上本专业或相关专业的毕业生，连续从事本职业工作2年以上。

3）鉴定方式　分为理论知识考试和技能操作考核。理论知识考试采用闭卷笔试方式，技能操作考核采用现场实际操作、模拟操作和口试等方式。理论知识考试和技能操作考核均实行百分制，成绩皆达60分及以上者为合格，技师还需进行综合评审。

4）考评人员与考生配比　理论知识考试考评人员与考生配比为1∶20，每个标准教室不少于2名考评人员；技能操作考核考评员与考生配比为1∶5，且不少于3名考评员；综合评审委员不少于5人。

5）鉴定时间　各等级的理论知识考试时间均为90分钟，技能操作考核时间不少于30分钟，技师综合评审不少于15分钟。

6）鉴定场所设备　理论知识考试在标准教室进行，技能操作考核在具有压片机、制粒机、混合机、软胶囊机、胶囊填充机、口服液灌装设备、注射剂灌装设备、包衣机等相应的药物制剂设备的场地进行。

2.基本要求

（1）职业道德

1）职业道德基本知识

2）职业守则

①遵守法律、法规和有关规定。

②爱岗敬业，忠于职守，自觉履行各项职责。

③工作认真负责，严于律己。

④刻苦学习，钻研业务，努力提高思想和科学文化素质。

⑤谦虚谨慎，团结协作，主动配合。

⑥严格执行工艺文件，保证质量。

⑦重视安全、环保，坚持文明生产。

（2）基础知识

1）法律法规基础知识

①法律法规基础知识。

②药品管理法相关知识。

③药品生产质量管理规范。

④产品质量法、劳动法的相关内容。

2）药物基础知识

①药物检验基础知识　包括：药物检验工作概况；药物质量标准、中国药典的内容简介；取样方法与样品；质量检验和质量监控、检验误差。

②药物制剂的相关知识　包括：药物制剂的分类；药物制剂生产人员卫生要求；药物制剂生产环境要求；药物制剂微生物限度检查、无菌检查、热源检查等要求；药物制剂包装材料的种类及特点；影响药物制剂稳定性的因素及解决措施。

3）安全生产与环境保护知识

①防火防爆等消防知识。

②安全用电知识。

③药物制剂安全操作规程。

④有机溶剂处理知识。

⑤急救知识。

⑥制剂过程的粉尘处理知识。

⑦设备修理的环保知识。

3. 工作要求　本标准对初级、中级、高级、技师的专业知识及技能要求依次递进，高级别包括低级别的要求。

（1）初级　“药物制剂基础知识”为必选项，其他任选一个职业功能进行考核。见附表1。

附表1　初级专业知识及技能考核要求

职业功能	工作内容	技能要求	相关知识
一、药物制剂基础知识	（一）药品标准	能查阅现行药典	药典与药品标准
	（二）表面活性剂	能计算表面活性剂的HLB值	1.表面活性剂的定义及分类 2.表面活性剂的基本性质
	（三）粉碎、筛分、混合	能根据物料的特征选择适合的粉碎、筛分、混合的设备	1.粉碎的方法和设备 2.药筛的种类和筛分设备 3.混合的方法和设备
	（四）蒸馏、蒸发、干燥	能操作常用的蒸馏、蒸发和干燥设备	1.蒸馏的方法和设备 2.蒸发的方法和设备 3.干燥的方法和设备
	（五）过滤	能正确选择过滤设备，并正确操作	滤器的种类及选择
	（六）灭菌	能正确灭菌操作	物理灭菌法和化学灭菌法
	（七）浸出方法	能正确识别浸出方法的种类，并正确操作	常用的浸出方法
二、散剂的生产	（一）配料	1. 能依据配料单核对物料 2. 能选择称量器具 3. 能使用称量器具称量物料 4. 能计算物料质量 5. 能填写称量、配料记录单	1. 领料程序 2. 称量器具使用注意事项 3. 计量单位换算方法 4. 有效数字保留方法 5. 称量岗位操作规程（SOP）
	（二）散剂制备	1.能将物料除去杂质 2.能将称量好的物料粉碎、过筛、混合，制成待包装散剂 3.能填写生产记录单	1.物料混合方法 2.粉碎机、筛分机、混合机操作注意事项 3.批生产记录填写规定
	（三）包装	1.能根据内包装的要求，分装待包装散剂 2.能填写包装记录单	1.分装机操作注意事项 2. 批包装记录填写规定
	（四）清场	1. 能清洁粉碎机、筛分机、混合机、散剂分装机 2. 能清洁生产场地 3. 能填写清场记录单	1. 设备清洗程序 2. 生产用小工具、器具清洗程序
三、颗粒剂的生产	（一）配料	1. 能依据配料单核对物料 2. 能选择称量器具 3. 能使用称量器具称量物料 4. 能计算物料质量 5. 能填写称量、配料记录单	1. 领料程序 2. 称量器具使用注意事项 3. 计量单位换算方法 4. 有效数字保留方法 5. 称量岗位操作规程（SOP）
	（二）颗粒制备	1.能将称量好的物料混匀 2.能按工艺规程要求制成颗粒 3.能将颗粒干燥 4.能整粒 5.能填写生产记录单	1.物料的混合方法 2.混合机、制粒机、干燥机、整粒机、振动筛操作事项 3. 颗粒剂外观 4. 批生产记录填写规定
	（三）包装	1. 能将颗粒进行分装 2. 能填写包装记录单	1. 颗粒分装机操作注意事项 2. 颗粒剂装量差异检查方法和粒度检查方法 3. 批包装记录填写规定
	（四）清场	1.能清洁混合机、制粒机、干燥机、整粒机、振动筛、分装机 2.能清洁生产场地 3. 能填写清场记录单	1. 设备清洗程序 2. 生产用小工具、器具清洗程序

续表

职业功能	工作内容	技能要求	相关知识
四、胶囊剂（硬胶囊、软胶囊）的生产	（一）配料	1.能依据配料单核对物料 2.能选择称量器具 3.能使用量器具称量物料 4.能计算物料质量 5.能填写称量、配料记录单	1. 领料程序 2. 称量器具使用注意事项 3. 计量单位换算方法 4. 有效数字保留方法 5. 称量岗位操作规程（SOP）
	（二）硬胶囊制备	1.能将称量好的物料混匀 2.能按工艺规程制成颗粒 3.能将颗粒干燥、整粒 4.能按工艺规程填充胶囊 5. 能抛光 6. 能填写生产记录单	1. 物料混合方法 2. 混合机、制粒机、干燥机、整粒机、胶囊填充机、抛光机操作注意事项 3. 批生产记录填写规定
	（三）软胶囊制备	1. 能按工艺规程配制囊材胶液、化胶、除气泡、制胶片 2. 能按工艺规程配制软胶囊填充物 3. 能按工艺规程压制或滴制成软胶囊 4. 能干燥软胶囊 5. 能填写生产记录单	1. 化胶罐、软胶囊机操作注意事项 2. 批生产记录填写规定
	（四）包装	1. 能将胶囊装瓶或压板 2. 能填写生产记录单	1. 装瓶机、铝塑包装机操作注意事项 2. 包装外观检查方法 3. 批包装记录填写规定
	（五）清场	1. 能清洁混合机、制粒机、干燥机、整粒机、胶囊填充机、抛光机、软胶囊的化胶罐和软胶囊机、装瓶机、铝塑包装机 2. 能清洁生产场地 3. 能填写清场记录单	1. 设备清洗程序 2. 生产用小工具、器具清洗程序
五、片剂的生产	（一）配料	1. 能依据配料单核对物料 2. 能选择称量器具 3. 能使用称量器具称量物料 4. 能计算物料质量 5.能填写称量、配料记录单	1. 领料程序 2. 称量器具使用注意事项 3. 计量单位换算方法 4. 有效数字保留方法 5. 称量岗位操作规程（SOP）
	（二）压片	1. 能将称量好的物料混匀 2. 能按工艺规程要求制颗粒压片或粉末压片 3.能填写生产记录单	1 物料混合方法 2.混合机、制粒机、干燥机、整粒机操作注意事项 3.压片机操作注意事项 4. 批生产记录填写规定
	（三）包衣	1.能配制包衣液或糖浆 2.能按工艺规程要求包衣 3.能填写生产记录单	1. 包衣粉组成及包衣液配制注意事项 2. 包衣机操作注意事项 3. 批生产记录填写规定
	（四）包装	1. 能将片剂装瓶或压板 2.能填写包装记录单	1. 装瓶机、铝塑包装机操作注意事项 2. 批包装记录填写规定
	（五）清场	1.能清洁混合机、制粒机、干燥机、整粒机、振动筛、压片机、包衣锅、装瓶机、铝塑包装机 2.能清洁生产场地 3.能填写清场记录单	1.设备清洗程序 2. 生产用小工具、器具清洗程序

续表

职业功能	工作内容	技能要求	相关知识
六、口服液体药剂（溶液剂、混悬剂、乳剂）的生产	（一）配料	1. 能依据配料单核对物料 2. 能选择称量器具 3. 能使用称量器具称量物料 4. 能计算物料质量 5. 能填写称量、配料记录单	1. 领料程序 2. 称量器具使用注意事项 3. 计量单位换算方法 4. 有效数字保留方法 5. 称量岗位操作规程（SOP）
	（二）纯化水的制备	1.能按照工艺规程制备纯化水 2.能正确填写生产记录单	1.能进行纯化水机的在线清洗和消毒 2.能介绍纯化水的制备流程
	（三）溶液剂的制备	1. 能将称量好的物料混匀 2. 能按工艺规程制成溶液剂 3. 能填写生产记录单	1. 物料混合方法 2. 搅拌机、灌装机操作注意事项 3. 批生产记录填写规定
	（四）混悬剂的制备	1. 能将称量好的物料混匀 2. 能按工艺规程制成混悬剂 3. 能填写生产记录单	1. 物料混合方法 2. 搅拌机、灌装机操作注意事项 3. 批生产记录填写规定
	（五）乳剂的制备	1. 能将称量好的物料混匀 2. 能按工艺规程制成乳剂 3. 能填写生产记录单	1. 物料混合方法 2. 搅拌机、乳匀机操作注意事项 3. 批生产记录填写规定
	（六）清场	1.能清洁配料罐、乳匀机、洗瓶机、灌封机 2.能清洁生产场地 3.能填写清场记录单	1. 配料罐、过滤器、洗瓶机、灌封机等设备清洗程序 2. 生产用小工具、器具清洗程序
七、注射剂（注射液、注射用无菌粉末）的生产	（一）配料	1. 能依据配料单核对物料 2. 能选择称量器具 3. 能使用称量器具称量物料 4. 能计算物料质量 5. 能填写称量、配料记录单	1. 领料程序 2. 称量器具使用注意事项 3. 计量单位换算方法 4. 有效数字保留方法 5. 称量岗位操作规程（SOP）
	（二）空调系统	1.正确操作空调系统 2.并设置制冷、送风和制热操作	1.空调的操作规程 2.空调使用记录的填写规定
	（三）注射用水的制备	1.能按照工艺规程制备注射用水 2.能正确填写生产记录单	1.能进行注射用水的在线清洗和消毒 2.能介绍注射用水的制备流程
	（四）注射液的制备	1. 能将称量好的物料混匀 2. 能按工艺规程制成注射液 3. 能填写生产记录单	1. 物料混合方法 2. 配料罐、灌装机操作注意事项 3. 批生产记录填写规定
	（五）注射用无菌粉末的制备	1. 能将称量好的物料混匀 2. 能按工艺规程制成无菌粉末 3. 能填写生产记录单	1. 物料混合方法 2. 灌装机、冷冻干燥机操作注意事项 3. 批生产记录填写规定
	（六）清场	1.能清洁配料罐、过滤器、洗瓶机、灌封机、冷冻干燥机 2.能清洁生产场地 3.能填写清场记录单	1. 配料罐、过滤器、洗瓶机、灌封机、冷冻干燥机等设备清洗程序 2. 生产用小工具、器具清洗程序

续表

职业功能	工作内容	技能要求	相关知识
八、眼用制剂（滴眼剂、洗眼剂、眼膏剂等）的生产	（一）配料	1. 能依据配料单核对物料 2. 能选择称量器具 3. 能使用称量器具称量物料 4. 能计算物料质量 5. 能填写称量、配料记录单	1. 领料程序 2. 称量器具使用注意事项 3. 计量单位换算方法 4. 有效数字保留方法 5. 称量岗位操作规程（SOP）
	（二）配制	1.能将称量好的物料混匀 2.能按工艺规程要求配制药液（或药膏） 3.能填写生产记录单	1. 物料混合方法 2. 配料罐操作注意事项 3. 批生产记录填写规定
	（三）精制	1.能将配置好的药液进行过滤 2.过滤设备的正确使用 3.能填写生产记录单	1. 药液的过滤方法 2. 药液的储存方法
	（四）灌装	1.能正确洗瓶、干燥 2.能正确灌装药液（眼膏剂为膏状的半固体制剂）并封口 3.能填写生产记录单	1. 洗瓶机的操作注意事项 2. 灌封机的操作注意事项 3. 批生产记录填写规定
	（五）清场	1.能清洁配料罐、过滤器、洗瓶机、灌封机、冷冻干燥机 2.能清洁生产场地 3.能填写清场记录单	1. 配料罐、过滤器、洗瓶机、灌封机、冷冻干燥机等设备清洗程序 2. 生产用小工具、器具清洗程序
九、软膏剂、乳膏剂、糊剂的生产	（一）配料	1. 能依据配料单核对物料 2. 能选择称量器具 3. 能使用称量器具称量物料 4. 能计算物料质量 5. 能填写称量、配料记录单	1. 领料程序 2. 称量器具使用注意事项 3. 计量单位换算方法 4. 有效数字保留方法 5. 称量岗位操作规程（SOP）
	（二）制备	1.能将物料除去杂质、灭菌 2.能将称量好的物料混合，制成待包装软膏 3.能填写生产记录单	1. 灭菌操作注意事项 2. 物料加热方法 3. 物料混合方法 4. 均质机操作注意事项 5. 批生产记录填写规定
	（三）包装	1. 能将软膏剂、乳膏剂或糊剂灌装 2.能填写包装记录单	1. 灌装机操作注意事项 2.最低装量检查方法、粒度检查方法和无菌检查方法（用于烧伤或严重创伤） 3. 批包装记录填写规定
	（四）清场	1. 能清洁均质机、软膏分装机 2. 能清洁生产场地 3. 能填写清场记录单	1. 设备清洗程序 2. 生产用小工具、器具清洗程序

续表

职业功能	工作内容	技能要求	相关知识
十、丸剂（滴丸、糖丸、小丸）的生产	（一）配料	1. 能依据配料单核对物料 2. 能选择称量器具 3. 能使用称量器具称量物料 4. 能计算物料质量 5. 能填写称量、配料记录单	1. 领料程序 2. 称量器具使用注意事项 3. 计量单位换算方法 4. 有效数字保留方法 5. 称量岗位操作规程（SOP）
	（二）滴丸的制备	1. 能将称量好的物料混匀 2. 能按工艺规程滴制成丸 3. 能填写生产记录单	1. 物料混合方法 2. 滴丸机操作注意事项 3. 批生产记录填写规定
	（三）糖丸的制备	1. 能将称量好的物料混匀 2. 能按工艺规程制成糖丸 3. 能填写生产记录单	1. 物料混合方法 2. 制丸机操作注意事项 3. 批生产记录填写规定
	（四） 小丸的制备	1. 能将称量好的物料混匀 2. 能按工艺规程制成小丸 3. 能填写生产记录单	1. 物料混合方法 2. 制丸机操作注意事项 3. 批生产记录填写规定
	（五）包装	1. 能将滴丸、泛丸、塑丸装瓶或装塑料壳蜡封或泡罩包装 2. 能填写包装记录单	1. 装瓶机或泡罩包装机操作注意事项 2. 批包装记录填写规定 3. 装量差异检查方法和重量差异检查方法
	（六）清场	1.能清洁泛丸机、选丸机、装瓶 2. 机能清洁生产场地 3. 能填写清场记录单	1. 设备清洗程序 2. 生产用小工具、器具清洗程序
十一、气雾剂、粉雾剂、喷雾剂的生产	（一）配料	1. 能依据配料单核对物料 2. 能选择称量器具 3.能使用称量器具称量物料 4. 能计算物料质量 5. 能填写称量、配料记录单	1. 领料程序 2. 称量器具使用注意事项 3. 计量单位换算方法 4. 有效数字保留方法 5. 称量岗位操作规程（SOP）
	（二）制备	1. 能将称量好的物料混匀 2. 能按处方要求和工艺规程配制 3. 能按工艺规程填充 4. 能填写生产记录单	1. 物料混合方法 2. 灌装机操作注意事项 3. 批生产记录填写规定
	（三）清场	1.能清洁灌装机 2. 能清洁生产场地 3. 能填写清场记录单	1. 设备清洗程序 2. 生产用小工具、器具清洗程序

续表

职业功能	工作内容	技能要求	相关知识
十二、栓剂的生产	（一）配料	1. 能依据配料单核对物料 2. 能选择称量器具 3. 能使用称量器具称量物料 4. 能计算物料质量 5. 能填写称量、配料记录单	1. 领料程序 2. 称量器具使用注意事项 3. 计量单位换算方法 4. 有效数字保留方法 5. 称量岗位操作规程（SOP）
	（二）制备	1. 能将称量好的物料混匀 2. 能按处方要求和工艺规程配制 3. 能按工艺规程灌装 4. 能填写生产记录单	1. 物料混合方法 2. 栓剂灌封机操作注意事项 3. 批生产记录填写规定
	（三）清场	1. 能清洁栓剂灌封机 2. 能清洁生产场地 3. 能填写清场记录单	1. 设备清洗程序 2. 生产用小工具、器具清洗程序

（2）中级 “药物制剂基础知识”为必选项，其他任选两个职业功能进行考核。见附表2。

附表2　中级专业知识及技能考核要求

职业功能	工作内容	技能要求	相关知识
一、药物制剂基础知识	（一）表面活性剂	1. 能分析表面活性剂的毒性和溶血性 2. 临界胶团浓度（CMC）与起昙现象	1. 表面活性剂的HLB值与其应用的关系 2. 临界胶团浓度（CMC）
	（二）粉碎、筛分、混合	1. 能进行粉碎设备的保养 2. 能理解标准筛的规格与粉末等级标准	1. 粉碎设备的原理及注意事项 2. 筛分设备的原理及注意事项 3. 混合设备的原理及注意事项
	（三）蒸馏、蒸发、干燥	1. 能分析影响蒸发的因素 2. 能分析影响干燥的因素	1. 蒸馏设备的原理及注意事项 2. 蒸发设备的原理及注意事项 3. 干燥设备的原理及注意事项
	（四）过滤	1. 影响过滤的因素 2. 能合理使用过滤介质和助滤剂	过滤设备的原理及注意事项
	（五）灭菌	能根据药物制剂的种类选择灭菌方法和设备	灭菌设备的选择及操作注意事项
	（六）浸出方法	能根据药物的特性选择正确的浸出方法	煎煮法、渗漉法、浸渍法、回流法、水蒸气蒸馏法的操作步骤和注意事项
二、散剂的生产	（一）制备	1. 能设置粉碎、过筛、混合的各项参数 2. 对散剂进行灭菌	1. 粉碎、过筛、混合的原理 2. 灭菌操作注意事项 3. 批生产记录填写规定
	（二）清场	能配制清洁剂、消毒剂并填写记录单	1. 清洁剂、消毒剂配制的注意事项 2. 清场管理制度
	（三）设备维护	1. 能润滑粉碎机、散剂包装机、混合机、筛分机等 2. 能填写维护记录单	1. 粉碎机、散剂包装机、混合机、筛分机的组成及工作过程 2. 设备维护记录填写规定

续表

职业功能	工作内容	技能要求	相关知识
三、颗粒剂的生产	（一）颗粒制备	能设置干燥设备的温度和时间，并正确使用干燥设备	颗粒的中间品质量的控制方法
	（二）清场	能配制清洁剂、消毒剂并填写记录单	1. 清洁剂、消毒剂配制的注意事项 2. 清场管理制度
	（三）设备维护	1. 能润滑混合机、制粒机、干燥机、整粒机、振动筛、分装机 2. 能填写维护记录单	1. 干燥机、整粒机、振动筛、分装机整粒机、振动筛、分装机的组成及工作过程 2. 设备维护记录填写规定
四、胶囊剂（硬胶囊、软胶囊）的生产	（一）硬胶囊制备	1. 能准确设置胶囊填充机的各项参数 2. 能设置干燥设备的干燥温度和干燥时间	1. 颗粒外观、流动性检查方法 2. 胶囊装量差异检查方法
	（二）软胶囊制备	1. 能正确除气泡 2. 根据设置软胶囊剂的各项技术参数 3. 能正确设置干燥设备的温度和时间 4. 能填写生产记录单	重量差异检查方法
	（三）清场	能配制清洁剂、消毒剂并填写记录单	1. 清洁剂、消毒剂配制的注意事项 2. 清场管理制度
	（四）设备维护	1. 能润滑混合机、制粒机、干燥 整粒机、胶囊填充机、抛光机、软胶囊的化胶罐和软胶囊机、装瓶机、铝塑包装机 2. 能填写维护记录单	1. 混合机、制粒机、干燥机、整粒机、胶囊填充机、抛光机、软胶囊的化胶罐和软胶囊机、装瓶机、铝塑包装机组成及工作过程 2. 设备维护记录填写规定
五、片剂的生产	（一）压片	能正确调试压片机和设置压力参数、拆装冲头	1. 片重差异的检查方法 2. 片剂脆碎度的快速检查
	（二）包衣	能配制包衣液和糖浆	包衣粉组成及包衣液配制注意事项
	（三）清场	能配制清洁剂、消毒剂并填写记录单	1. 清洁剂、消毒剂配制的注意事项 2. 清场管理制度
	（四）设备维护	1. 能润滑混合机、制粒机、整粒机、压片机、装瓶机、铝塑包装机 2. 能填写维护记录单	1. 混合机、制粒机、整粒机、压片机、装瓶机、铝塑包装机的组成及工作过程 2. 设备维护记录填写规定

续表

职业功能	工作内容	技能要求	相关知识
六、口服液体药剂（溶液剂、混悬剂、乳剂）的生产	（一）纯化水	1.能正确进行阴阳树脂的再生 2.能进行调节pH值操作	1.能进行纯化水机的质量（酸碱度、电导率）在线检查 2.能介绍纯化水的制备原理
	（二）溶液剂的制备	1.能准确设置配液、过滤、灌装机的各项参数 2.能设置灭菌设备参数 3.能正确使用防腐剂	1.溶液剂外观、澄明度检查方法 2.单剂量包装的装量差异检查方法，多剂量包装最低装量差异检查方法
	（三）混悬剂的制备	1.能准确设置配液、灌装机的各项参数 2.能设置灭菌设备参数 3.能正确使用防腐剂	1.混悬剂外观 2.沉降体积比检查方法 3.单剂量包装的装量差异检查方法，多剂量包装最低装量差异检查方法
	（四）乳剂的制备	1.能准确设置配液、乳匀机、灌装机的各项参数 2.能设置灭菌设备参数 3.能正确使用防腐剂	1.乳剂外观 2.乳剂粒径大小测定方法 3.单剂量包装的装量差异检查方法，多剂量包装最低装量差异检查方法
	（五）清场	能配制清洁剂、消毒剂并填写记录单	1.清洁剂、消毒剂配制的注意事项 2.清场管理制度
	（六）设备维护	1.能润滑配料罐（搅拌动力部分）、洗瓶机、灌装机 2.能填写维护记录单	设备维护记录填写规定
七、注射剂（注射液、注射用无菌粉末）的生产	（一）配制	能设置配料罐的各种参数	能分析处方的成分及作用
	（二）空调系统	1.能正确清晰初效、中效过滤器，并能评价高效过滤器的性能 2.并设置温度湿度参数	1.过滤网的清洗操作规程 2.空气的消毒规定
	（三）注射用水的制备	1.能正确储存注射用水 2.能钝化和清洗注射用水管道	1.注射用水的储存条件 2.注射用水制备的原理
	（四）注射液的制备	1.能设置灭菌的参数 2.能进行无菌操作	1.灭菌的注意事项 2.无菌操作法
	（五）注射用无菌粉末的制备	1.能设置冷冻干燥设备的参数 2.无菌粉末分装应能设置各项控制参数 3.能设置灭菌参数	1.冷冻干燥法 2.无菌粉末制备方法
	（六）清场	能配制清洁剂、消毒剂并填写记录单	1.清洁剂、消毒剂配制的注意事项 2.清场管理制度
	（七）设备维护	1.能润滑配料罐（搅拌动力部分）、洗瓶机、灌装机、冷冻干燥机 2.能填写维护记录单	设备维护记录填写规定

续表

职业功能	工作内容	技能要求	相关知识
八、眼用制剂（滴眼剂、洗眼剂、眼膏剂等）的生产	（一）配制	能设置配料罐的各种参数	能分析处方的成分及作用
	（二）精制	正确选择精制的方法	能解释精制方法和原理
	（三）灌装	能正确设置洗瓶机、灌封机的各项技术参数	1.洗瓶机的工作过程及原理 2.灌封机的工作过程及原理
	（四）清场	能配制清洁剂、消毒剂并填写记录单	1. 清洁剂、消毒剂配制的注意事项 2. 清场管理制度
	（五）设备维护	1. 能润滑配料罐（搅拌动力部分）、洗瓶机、灌装机 2.能填写维护记录单	设备维护记录填写规定
九、软膏剂、乳膏剂、糊剂的制备	（一）制备	1.能正确操作灭菌设备	1. 灭菌操作注意事项 2. 批生产记录填写规定
	（二）清场	能配制清洁剂、消毒剂并填写记录单	1. 清洁剂、消毒剂配制的注意事项 2. 清场管理制度
	（三）设备维护	1. 能润滑均质机、软膏、乳膏、糊剂分装机 2. 能填写维护记录单	1. 均质机、分装机的组成及工作过程 2. 设备维护记录填写规定
十、丸剂（滴丸、糖丸、小丸）的制备	（一）滴丸的制备	1. 能将称量好的物料混匀 2. 能按工艺规程滴制成丸 3. 能填写生产记录单	1. 物料混合方法 2. 搅拌机、滴丸机操作注意事项 3. 批生产记录填写规定
	（二）糖丸的制备	1. 能将称量好的物料混匀 2. 能按工艺规程制成糖丸 3. 能填写生产记录单	1. 物料混合方法 2. 制丸机操作注意事项 3. 批生产记录填写规定
	（三）小丸的制备	1. 能将称量好的物料混匀 2. 能按工艺规程制成小丸 3. 能填写生产记录单	1. 物料混合方法 2. 制丸机操作注意事项 3. 批生产记录填写规定
	（四）清场	能配制清洁剂、消毒剂并填写记录单	1. 清洁剂、消毒剂配制的注意事项 2. 清场管理制度
	（五）设备维护	1. 能润滑泛丸机、滴丸剂、混合机、塑丸机、选丸机、装瓶机、铝塑包装机等设备 2. 能填写维护记录单	1. 泛丸机、滴丸剂、混合机、塑丸机、选丸机、装瓶机、铝塑包装机等设备的组成及工作过程 2. 设备维护记录填写规定

续表

职业功能	工作内容	技能要求	相关知识
十一、气雾剂、粉雾剂、喷雾剂的生产	（一）制备	能正确设置灌装机的各项技术参数	灌装机的工作过程及原理
	（二）清场	能配制清洁剂、消毒剂并填写记录单	1. 清洁剂、消毒剂配制的注意事项 2. 清场管理制度
	（三）设备维护	1. 能润滑灌装机 2. 能填写维护记录单	设备维护记录填写规定
十二、栓剂的生产	（一）制备	能正确设置灌封机的各项技术参数	栓剂灌装机的工作过程及原理
	（二）清场	能配制清洁剂、消毒剂并填写记录单	1. 清洁剂、消毒剂配制的注意事项 2. 清场管理制度
	（三）设备维护	1. 能润滑配料罐（搅拌动力部分）、栓剂灌装机 2.能填写维护记录单	设备维护记录填写规定

（3）高级　任选三个职业功能进行考核。见附表3。

附表3　高级专业知识及技能考核要求

职业功能	工作内容	技能要求	相关知识
一、散剂的生产	（一）散剂制备	1. 能解决散剂生产中出现的色泽不均匀、粒度不合格、装量、吸潮、结块等问题 2. 能分析生产工艺参数	1. 散剂的制备工艺 2. 散剂分剂量的方法 3. 散剂的质量检查和包装
	（二）设备维护	能判断粉碎机、筛分机、混合机、分装机、干燥机的故障	粉碎机、筛分机、混合机、分装机、干燥机的维护操作规程
二、颗粒剂的生产	（一）颗粒剂制备	1. 能解决颗粒剂生产中出现的颗粒色泽不均匀、粒度不合格、溶化性差、吸潮、结块等问题 2. 能在试生产过程中，依据物料性质判断颗粒剂的成型性 3. 能分析生产工艺参数	1. 颗粒剂辅料的性状、性质 2. 生产事故报告制度 3. 制软材的方法 4. 制湿颗粒的方法
	（二）设备维护	能判断制粒机、混合机、颗粒分装机、干燥机、整粒机的故障	制粒机、混合机、颗粒分装机、干燥机、整粒机的维护操作规程

续表

职业功能	工作内容	技能要求	相关知识
三、胶囊剂（硬胶囊、软胶囊）的生产	（一）硬胶囊制备	1. 能解决硬胶囊剂生产中出现的装量差异不合格、崩解超限、吸潮等问题 2. 能在试生产过程，根据物料性质判断胶囊剂的成形性 3. 能分析生产工艺参数	1. 胶囊剂的特点及分类 2. 硬胶囊剂的工艺流程
	（二）软胶囊制备	1. 能解决软胶囊生产中出现的重量差异不合格、崩解超限、不圆整、色泽不一致等问题 2. 能在试生产过程中，能判断软胶囊的成型性 3. 能分析生产工艺参数	1. 软胶囊辅料的性状、性质 2. 软胶囊剂的制备方法
	（三）设备维护	能判断胶囊填充机、软胶囊机、包装机等设备的故障	胶囊填充机、软胶囊机、包装机维护操作规程
四、片剂的生产	（一）压片	1. 能根据片剂的种类、形状等确定合适的压力范围 2. 能解决片剂生产过程中出现的裂片、松片、黏冲、变色或花斑、引湿受潮、片重差异不合格、崩解超限等问题 3. 能在试生产过程中，根据物料性质判断片剂的成型性 4. 能分析压片机的各项参数的设置	1. 片剂的特点 2. 片剂的分类 3. 片剂的制备方法与分类 4. 湿法制粒方法与设备原理 5. 片重差异的测定方法
	（二）包衣	1. 能解决包衣中出现的包衣层不匀、颜色不一、花斑、麻点、片面裂纹等问题 2.能分析包衣机的各项参数的设置	1. 包衣的目的 2. 糖包衣的生产工艺步骤及所用的材料 3. 肠溶衣材料及特点
	（三）设备维护	能判断制粒机、压片机、包衣机、包装机的故障	制粒机、压片机、包衣机、包装机维护操作规程

续表

职业功能	工作内容	技能要求	相关知识
五、口服液体药剂（溶液剂、混悬剂、乳剂）的生产	（一）纯化水的制备	1.能分析并解决纯化水生产过程中的质量问题 2.能分析纯化水参数的设置	1.纯化水的制水原理 2.纯化水的质量标准
	（二）溶液剂的制备	1.能分析并解决溶液剂生产过程中的质量问题 2.能分析溶液剂制备的各项参数的设置	1.口服液体制剂的溶剂和附加剂 2.溶液剂的分类及质量要求
	（三）混悬剂的制备	1.能分析并解决混悬剂生产过程中的质量问题 2.能分析混悬剂制备的各项参数的设置	1.混悬剂的物理稳定性和稳定剂 2.混悬剂的制备方法
	（四）乳剂的制备	1.能分析并解决乳剂生产过程中的质量问题 2.能分析混悬剂制备的各项参数的设置	1.乳化剂的种类及选择 2.乳剂的制备方法 3.乳剂的稳定性
	（五）设备维护	能判断制水设备、配料罐、过滤器、乳匀机、灌装机等设备的故障	制水设备、配料罐、过滤器、乳匀机、灌装机等设备维护操作规程
六、注射剂（注射液、注射用无菌粉末）的生产	（一）空调系统	1.能分析并解决空调净化系统的质量问题 2.能分析空调系统的故障	1.净化系统的日常监控 2.洁净室（区）的分级及管理
	（二）注射用水的制备	1.能分析并解决注射用水生产过程中的质量问题 2.能分析注射用水参数的设置	1.注射用水的制备原理 2.注射用水的质量标准
	（三）注射液的制备	1.能分析并解决注射液生产过程中的质量问题 2.能分析灌封机等设备参数的设置	1. 注射液的附加剂及其选择 2. 注射液的质量要求 3. 热原的除去方法
	（四）注射用无菌粉末的制备	1.能分析并解决冷冻干燥中存在的问题及处理方法 2.能分析无菌分装工艺中存在的问题及处理方法 3.能分析无菌粉末分装机（或冷冻干燥机）等设备参数的设置	1.注射用无菌粉末的质量要求 2.注射用无菌粉末的制备方法 3.冻干粉针的冷冻干燥流程
	（五）设备维护	能判断空调系统、制水设备、配料罐、过滤器、洗瓶机、灌封机、冷冻干燥机等设备的故障	制水设备、配料罐、过滤器、洗瓶机、灌封机、冷冻干燥机等设备维护操作规程

续表

职业功能	工作内容	技能要求	相关知识
七、眼用制剂（滴眼剂、洗眼剂、眼膏剂等）的生产	（一）制备	1. 能分析并解决眼用制剂生产中出现的pH值、渗透压、无菌、可见异物、黏度等不符合要求的问题 2. 能在试生产过程中，根据物料性质判断眼用制剂的生产参数	1. 眼用制剂的附加剂 2. 能分析眼用制剂的处方组成 3. 眼用制剂的制备工艺流程 4. 眼用制剂的灭菌方法
	（二）设备维护	能判断配料罐、过滤器、洗瓶机、灌封机的故障	配料罐、过滤器、洗瓶机、灌封机维护操作规程
八、软膏剂、乳膏剂、糊剂的生产	（一）制备	1. 能分析并解决软膏生产中出现的分层、酸败、色泽不均一、稠度不符合要求等问题 2. 能在试生产过程中，根据物料性质判断软膏剂的成型性	1. 软膏剂辅料的性状、性质 2. 软膏剂、乳膏剂、糊剂的区别 3. 软膏剂的制备方法（含药物的加入方法） 4. 混悬型软膏剂的粒度检查方法
	（二）设备维护	能判断均质机、软膏分装机的故障	均质机、软膏分装机维护操作规程
九、丸剂（滴丸、糖丸、小丸）的生产	（一）滴丸	1. 能解决滴丸生产中出现的重量差异不合格、不圆整、色泽不一致、溶散超限、粘连、表面残留冷凝液等问题 2. 能在试生产过程中，根据物料性质判断滴丸的成型性	1. 滴丸剂辅料的性状、性质 2. 生产事故报告制度 3. 滴丸机、包装机工作原理
	（二）糖丸	1. 能解决糖丸生产中出现的重量差异不合格、崩解超限、不圆整、色泽不一致等问题 2. 能在试生产过程中，根据物料性质判断糖丸的成型性	1. 辅料的性状、性质 2. 生产事故报告制度 3. 制丸机、泡罩机、包装机工作原理
	（三）小丸	1. 能解决小丸生产中出现的重量差异不合格、崩解超限、不圆整、色泽不一致等问题 2. 能在试生产过程中，根据物料性质判断小丸的成型性	1. 丸剂辅料的性状、性质 2. 生产事故报告制度 3. 制丸机、装瓶机工作原理
	（四）设备维护	能判断滴丸机、制丸机、泡罩机、包装机的故障	滴丸机、制丸机、泡罩机、包装机维护操作规程

续表

职业功能	工作内容	技能要求	相关知识
十、气雾剂、粉雾剂、喷雾剂的生产	（一）制备	1. 能将称量好的物料混匀 2. 能按处方要求和工艺规程配制 3. 能按工艺规程压罐（压装机的操作） 4. 能填写生产记录单	1. 气雾剂、粉雾剂、喷雾剂的制备工艺与方法 2. 气雾剂的组成 3. 装量差异（或含量均匀度）检查方法
	（二）设备维护	能判断压装机的故障	压装机维护操作规程
十一、栓剂的生产	（一）制备	1. 能将称量好的物料混匀 2. 能按处方要求和工艺规程配制 3. 能按工艺规程灌装（栓剂灌装机的操作） 4. 能填写生产记录单	1. 栓剂的制备方法 2. 重量差异（或含量均匀度）检查方法 3. 融变时限检查方法 4. 批生产记录填写规定
	（二）设备维护	能判断栓剂灌装机、栓剂包装机的故障	栓剂灌装机、栓剂包装机维护操作规程

（4）技师　“培训与指导”为必选项，其他任选两个职业功能进行考核。见附表4。

附表4　技师的专业知识及技能考核要求

职业功能	工作内容	技能要求	相关知识
一、散剂的生产	（一）散剂制备	1.能确定散剂生产工艺参数 2.能编写产品工艺规程并提出修改建议 3.对偏差的分析及处理 4.对变更进行评估和分析 5.对质量风险进行评估和控制	1. 散剂生产工艺知识 2. 产品工艺规程编写要求
	（二）验证	1.能按照生产设备和清洁验证草案进行操作 2. 能编写验证报告 3. 能整理验证数据并进行初步分析	1. 生产工艺、设备和清洁验证的内容和方法 2. 数据统计分析基础知识
二、颗粒剂的生产	（一）颗粒剂制备	1.能确定颗粒剂生产工艺参数 2.能编写产品工艺规程并提出修改建议 3.对偏差的分析及处理 4.对变更进行评估和分析 5.对质量风险进行评估和控制	1. 颗粒剂生产工艺知识 2. 颗粒剂与散剂的区别 3. 产品工艺规程编写要求
	（二）验证	1.能按照生产设备和清洁验证草案进行操作 2. 能编写验证报告 3. 能整理验证数据并进行初步分析	1. 生产工艺、设备和清洁验证的内容和方法 2. 数据统计分析基础知识

续表

职业功能	工作内容	技能要求	相关知识
三、胶囊剂（硬胶囊、软胶囊）的生产	（一）胶囊剂的制备	1.能确定胶囊剂生产工艺参数 2.能编写产品工艺规程并提出修改建议 3.对偏差的分析及处理 4.对变更进行评估和分析 5.对质量风险进行评估和控制	1. 胶囊剂（硬胶囊、软胶囊）生产工艺知识 2. 空胶囊的制备工艺、规格及质量检测方法 3. 产品工艺规程编写要求
	（二）验证	1.能按照生产设备和清洁验证草案进行操作 2. 能编写验证报告 3. 能整理验证数据并进行初步分析	1. 生产工艺、设备和清洁验证的内容和方法 2. 数据统计分析基础知识
四、片剂的生产	（一）压片	1.能确定压片工艺参数（压力等） 2.能编写压片岗位工艺规程并提出修改建议 3.对偏差的分析及处理 4.对变更进行评估和分析 5.对质量风险进行评估和控制	1. 片剂生产工艺知识 2. 片剂的常用辅料及选择 3. 理解溶出度与崩解度
	（二）包衣	1.能确定包衣工艺参数 2.能编写产品工艺规程并提出修改建议	1. 包衣工艺知识 2. 包衣工艺与材料 3. 包衣的质量要求
	（三）验证	1. 能按照生产设备和清洁验证草案进行操作 2. 能编写验证报告 3. 能整理验证数据并进行初步分析	1. 生产工艺、设备和清洁验证的内容和方法 2. 数据统计分析基础知识
五、口服液体药剂（溶液剂、混悬剂、乳剂）的生产	（一）制备	1.能确定生产工艺参数 2.能编写产品工艺规程并提出修改建议 3.对偏差的分析及处理 4.对变更进行评估和分析 5.对质量风险进行评估和控制	1.口服液体药剂（溶液剂、混悬剂、乳剂）生产工艺知识 2.评定混悬剂质量的方法 3.水包油（O/W）和油包水（W/O）乳剂的区别 4.乳剂的形成理论 5.乳剂的质量评定方法 6.产品工艺规程编写要求
	（二）验证	1. 能按照生产设备和清洁验证草案进行操作 2. 能编写验证报告 3. 能整理验证数据并进行初步分析	1. 生产工艺、设备和清洁验证的内容和方法 2. 数据统计分析基础知识

续表

职业功能	工作内容	技能要求	相关知识
六、注射剂（注射液、注射用无菌粉末）的生产	（一）制备	1.能确定生产工艺参数 2.能编写产品工艺规程并提出修改建议 3.对偏差的分析及处理 4.对变更进行评估和分析 5.对质量风险进行评估和控制	1.注射剂（注射液、注射用无菌粉末）生产工艺知识 2.热原的检测方法 3.冷冻干燥中可能存在的问题及处理方法 4.产品工艺规程编写要求
	（二）验证	1.能按照生产设备和清洁验证草案进行操作能制定注射用水和空调净化系统的证方案 2. 能编写验证报告 3. 能整理验证数据并进行初步分析	1. 生产工艺、设备和清洁验证的内容和方法 2. 数据统计分析基础知识
七、眼用制剂（滴眼剂、洗眼剂、眼膏剂等）的生产	（一）制备	1.能确定生产工艺参数 2.能编写产品工艺规程并提出修改建议 3.对偏差的分析及处理 4.对变更进行评估和分析 5.对质量风险进行评估和控制	1.眼用制剂（滴眼剂、洗眼剂、眼膏剂等）生产工艺知识 2. 眼膏剂的常用基质 3. 滴眼剂、洗眼剂的附加剂 4. 眼用制剂的黏度检查 5. 产品工艺规程编写要求
	（二）验证	1. 能按照生产设备和清洁验证草案进行操作 2. 能编写验证报告 3. 能整理验证数据并进行初步分析	1. 生产工艺、设备和清洁验证的内容和方法 2. 数据统计分析基础知识
八、软膏剂、乳膏剂、糊剂的生产	（一）制备	1.能确定生产工艺参数 2.能编写产品工艺规程并提出修改建议 3.对偏差的分析及处理 4.对变更进行评估和分析 5.对质量风险进行评估和控制	1. 软膏剂、乳膏剂、糊剂生产工艺知识 2. 软膏剂基质的分类及选择 3. 熔程、黏度、流变性检查 4. 产品工艺规程编写要求
	（二）验证	1. 能按照生产设备和清洁验证草案进行操作 2. 能编写验证报告 3. 能整理验证数据并进行初步分析	1. 生产工艺、设备和清洁验证的内容和方法 2. 数据统计分析基础知识
九、丸剂（滴丸、糖丸、小丸）的生产	（一）制备	1.能确定生产工艺参数 2.能编写产品工艺规程并提出修改建议 3.对偏差的分析及处理 4.对变更进行评估和分析 5.对质量风险进行评估和控制	1. 滴丸、糖丸、小丸的生产工艺知识 2. 各类丸剂的制备方法（如滴制法、泛制法、塑制法） 3. 产品工艺规程编写要求
	（二）验证	1. 能按照生产设备和清洁验证草案进行操作 2. 能编写验证报告 3. 能整理验证数据并进行初步分析	1.生产工艺、设备和清洁验证的内容和方法 2.清洁验证数据统计分析基础知识

续表

职业功能	工作内容	技能要求	相关知识
十、气雾剂、粉雾剂、喷雾剂的生产	（一）制备	1.能确定生产工艺参数 2.能编写产品工艺规程并提出修改建议 3.对偏差的分析及处理 4.对变更进行评估和分析 5.对质量风险进行评估和控制	1. 气雾剂、粉雾剂、喷雾剂的生产工艺知识 2. 雾滴（粒）分布测定方法 3. 抛射剂的要求及分类
	（二）验证	1. 能按照生产设备和清洁验证草案进行操作 2. 能编写验证报告 3. 能整理验证数据并进行初步分析	1.生产工艺、设备和清洁验证的内容和方法 2.清洁验证数据统计分析基础知识
十一、栓剂的生产	（一）制备	1.能确定生产工艺参数 2.能编写产品工艺规程并提出修改建议 3.对偏差的分析及处理 4.对变更进行评估和分析 5.对质量风险进行评估和控制	1. 栓剂的生产工艺知识 2. 对栓剂的处方进行分析（基质的分类和选择） 3.置换价的定义 4.栓剂的贮存
	（二）验证	1. 能按照生产设备和清洁验证草案进行操作 2. 能编写验证报告 3. 能整理验证数据并进行初步分析	1.生产工艺、设备和清洁验证的内容和方法 2.清洁验证数据统计分析基础知识
十二、培训与指导	（一）培训	1. 能培训初级、中级、高级药物制剂工 2. 能对初级、中级、高级药物制剂工进行业务指导	1. 教学法的有关知识 2. 能灵活应用各种教学方法
	（二）指导	1. 能编制培训方案 2. 能编写培训讲义和课件的制作	1. 培训方案编制方法 2.培训讲义编写方法

4.比重表

（1）理论知识　药物制剂工职称考核中理论知识所占比例见附表5。

附表5　药物制剂生产员职称考核理论知识占比表

项　目		初级（%）	中级（%）	高级（%）	技师（%）
基本要求	职业道德	5	5	5	5
	基础知识	5	5	5	5
相关知识	药物制剂基础知识	15	15	–	–
	散剂的生产	5	5	5	5
	颗粒剂的生产	10	10	10	10
	胶囊剂（硬胶囊、软胶囊）的生产	5	5	5	5
	片剂的生产	10	10	15	10
	口服液体药剂（溶液剂、混悬剂、乳剂）的生产	10	10	15	10
	注射剂（注射液、注射用无菌粉末）的生产	10	10	15	15
	眼用制剂（滴眼剂、洗眼剂、眼膏剂等）的制备	5	5	5	5
	软膏剂、乳膏剂、糊剂的生产	5	5	5	5
	丸剂（滴丸、糖丸、小丸）的生产	5	5	5	5
	气雾剂、粉雾剂、喷雾剂的生产	5	5	5	5
	栓剂的生产	5	5	5	5
	培训与指导	–	–	–	10
合　计		100	100	100	100

（2）技能操作　“技能要求”为选择性考核，初级必考“药物制剂基础知识”，另任选一个模块进行考核；中级必考“药物制剂基础知识”，另任选两个模块进行考核；高级必考“注射剂的生产”，另任选两个模块进行考核；技师除任选两个模块考核以外，必选“培训与指导”进行考核。见附表6。

附表6　药物制剂工职称考核中技能要求占比

项　目			初级（%）	中级（%）	高级（%）	技师（%）
技能要求	口服液体药剂（溶液剂、混悬剂、乳剂）的生产	配料	10	–	–	–
		纯化水的制备	10	5	5	–
		溶液剂的制备	10	5	5	7
		混悬剂的制备	10	5	5	6
		乳剂的制备	10	5	5	7
		清场	10	5	–	–
		设备维护	–	5	10	–
		验　证	–	–	–	20
	注射剂（注射液、注射用无菌粉末）的生产	配料	10	–	–	–
		空调系统	10	5	5	–
		注射用水的制备	10	5	10	–
		注射液的制备	10	5	10	10
		注射用无菌粉末的制备	10	5	10	10
		清场	10	5	–	–
		设备维护	–	5	5	–
		验　证	–	–	–	20
	眼用制剂（滴眼剂、洗眼剂、眼膏剂等）的制备	配料	10		–	–
		配制	15	7	–	–
		精制	15	6	–	–
		灌装	15	7	–	–
		制备	–	–	20	20
		清场	5	5	–	–
		设备维护	–	5	10	–
		验　证	–	–	–	20
	软膏剂、乳膏剂、糊剂的生产	配料	15	–	–	–
		制备	20	20	20	20
		包装	15	–	–	–
		清场	10	5	–	–
		设备维护	–	5	10	–
		验证	–	–	–	20

项　目			初级（%）	中级（%）	高级（%）	技师（%）
技能要求	药物制剂基础知识（40分）	药品标准	3	–	–	–
		表面活性剂	7	8	–	–
		粉碎、筛分、混合	7	7	–	–
		蒸馏、蒸发、干燥	6	7	–	–
		过滤	5	5	–	–
		灭菌	6	8	–	–
		浸出方法	6	5	–	–
	散剂的生产	配料	10	–	–	–
		散剂制备	30	20	20	20
		包装	15	–	–	–
		清场	5	5	–	–
		设备维护	–	5	10	–
		验　证	–	–	–	20
	颗粒剂的生产	配料	10	–	–	–
		颗粒制备	30	20	20	20
		包装	15	–	–	–
		清场	5	5	–	–
		设备维护	–	5	10	–
		验　证	–	–	–	20
	胶囊剂（硬胶囊、软胶囊）的生产	配料	10	–	–	–
		硬胶囊制备	15	10	10	10
		软胶囊制备	15	10	10	10
		包装	15	–	–	–
		清场	5	5	–	–
		设备维护	–	5	10	–
		验　证	–	–	–	20
	片剂的生产	配料	10	–	–	–
		压片	15	10	10	10
		包衣	15	10	10	10
		包装	15	–	–	–
		清场	5	5	–	–
		设备维护	–	5	10	–
		验　证	–	–	–	20

续表

项目			初级（%）	中级（%）	高级（%）	技师（%）
技能要求	丸剂（滴丸、糖丸、小丸）的生产	配料	10	–	–	–
		滴丸的制备	10	7	7	7
		糖丸的制备	10	6	6	6
		小丸的制备	10	7	7	7
		包装	10	–	–	–
		清场	10	5	–	–
		设备维护	–	5	10	–
		验证	–	–	–	20
	气雾剂、粉雾剂、喷雾剂的生产	配料	15	–	–	–
		制备	35	20	20	20
		清场	10	5	–	–
		设备维护	–	5	10	–
		验证	–	–	–	20
	栓剂的生产	配料	15	–	–	–
		制备	35	20	20	20
		清场	10	5	–	–
		设备维护	–	5	10	–
		验证	–	–	–	20
	培训与指导		–	–	–	20
合计			100	100	100	100

注：初级技能考核总分（100分）=药物制剂基础知识（40分）+任选一个模块（60分）

中级技能考核总分（100分）=药物制剂基础知识（40分）+任选两个模块（2×30分）

高级技能考核总分（100分）=注射剂的生产（40分）+另任选两个模块（2×30分）

技师技能考核总分（100分）=培训与指导（20分）+另任选两个模块（2×40分）

主要参考文献

［1］胡英，王晓娟. 药物制剂技术[M].北京：中国医药科技出版社，2017.

［2］李恒. GMP实用教程[M].北京：中国医药科技出版社，2013.

［3］国家食品药品监督管理局药品认证管理中心. 口服固体制剂 药品GMP指南[M]. 北京：中国医药科技出版社，2011.

［4］国家食品药品监督管理局药品认证管理中心. 厂房设施与设备 药品GMP指南[M]. 北京：中国医药科技出版社，2011.

［5］徐冰. 湖南省高职药学专业学生技能抽考标准及题库开发[J]. 兰州：职业卫生教育，2014，32（14）：37–39.

［6］陈明琪. 药用微生物学（第3版）[M].北京：中国医药科技出版社，2017.